SHODENSHA
SHINSHO

宗教にはなぜ金が集まるのか

島田裕巳

JN110563

祥伝社新書

はじめに

宗教と金の問題が、思わぬ形で浮上することになりました。第26回参議院議員選挙真っ最中の2022年7月8日、奈良市内で応援演説をしていた安倍晋三《あべしんぞう》元首相（1954〜2022年）が背後から銃撃され、命を落とした事件です。これは日本国内だけではなく、海外にも衝撃を与えました。

問題は、銃撃した容疑者の犯行動機です。容疑者の母親は、統一教会《とういつきょうかい》（旧世界基督教《せかいきりすときょう》統一神霊協会《とういつしんれいきょうかい》、現世界平和統一家庭連合《せかいへいわとういつかていれんごう》）の信者で、教団に多額の献金を行い、そのために家庭が崩壊したと言います。容疑者は、それを恨《うら》みに思い、同会の幹部を狙《ねら》おうとしたが、それが難しかったので、関係が深い安倍元首相を狙撃したとされます。また、安倍元首相の祖父である岸信介《きしのぶすけ》元首相（1896〜1987年）が、同会を日本に引き入れたことも、安倍元首相を狙った理由だと供述しているようです。

宗教団体に対して多額の献金をする人たちは少なくありません。特に「新宗教」と呼ばれるような教団では、教団のほうから献金が強く呼びかけられ、それに応じる信者もかなりの数に上ります。信仰を続けていれば、献金したことに不満は生じませんが、何か問題を感じて脱会するようなことがあれば、いったいなぜ自分はそれだけの額《がく》を献金してしまったのかと後悔し、教団に騙《だま》されたと感じるようになってしまいます。

私たちの多くは、そんなことは自分には起こらないと考えています。しかし、本当にそうでしょうか。

たとえば、仏教《ぶっきょう》式で葬儀を行った時、私たちは「布施《ふせ》（僧侶や寺院に金銭や品物を施すこと。第2章で詳述）」をします。布施は仏教の言葉ですが、献金の一種です。新宗教に対する献金の場合、教団が額を決め、それに応じなければならなくなることが問題とされたりします。

いっぽう布施は、信者の自発的な意志で行われるのが本来であり、どれだけ出すかは本人次第と説明されることが多いでしょう。ところが、どの程度の額を布施すればよいのか、寺の側から指定されることが少なくありません。実際、「どの程度お支払いすればよろしいのでしょうか」と寺に聞けば、金額を教えられるのが一般的です。

「戒名料《かいみょうりょう》」ともなれば、かなりの額に上ることがあります。戒名には「格《かく》」があり、院《いん》号《ごう》のついた戒名になれば、50万円、100万円を超えることもあります。

さらに、寺の本堂を修繕しなければならない時には、檀家《だんか》（第2章で詳述）に寄付が求められます。その際には戒名の格が影響し、院号のついた戒名を授かっていれば、そうでない檀家よりも多くの額を支払うことを求められます。

こうしたことに対して、不満を抱《いだ》いている人も少なくないはずです。これを面倒に感じて、今流行している「墓じまい」を行う人もいますが、寄付に応じてしまうことが少なくないのは、布施や戒名料を出す側に「プライド」があるからです。そのプライドが、かえって高額な金を支払うことで満たされるのです。

このように、宗教と金の問題は、実は身近な問題なのです。なぜ宗教と金は密接に関係するのか――。歴史を辿《たど》り、各宗教を比較しながら考えることにしましょう。

2022年9月

島田裕巳

目次

編集協力　木村隆司
図表作成　篠　宏行
本文デザイン　盛川和洋
本文ＤＴＰ　キャップス

序章

宗教の集金力

大仏の建造費

宗教にはお金が集まります。それを象徴するのが、宗教につきものの巨大建造物です。宗教が巨大建造物をつくることは、昔から世界各地で行われてきました。具体的には、エジプトのピラミッド（太陽信仰にもとづくとされる）やキリスト教《きょう》の大聖堂、イスラム教《きょう》の巨大モスク（礼拝施設）など。巨大建造物の偉容や荘厳さを目にすれば、信者には自分が信仰する宗教の偉大さが一目瞭然でわかります。そして世界中から人が集まり、さらに莫大な金を落としていきます。

巨大建造物はどれくらいの金がかかるのか、東大寺《とうだいじ》（奈良県奈良市）の大仏（盧舎那仏《るしゃなぶつ》像《ぞう》）で見てみましょう。その大きさは高さ（座高）約15m、顔の幅約3・2m、手の大きさ約2・6m。天平《てんぴょう》17（745）年に制作が開始され、天平勝宝《てんぴょうしょうほう》4（752）年に開眼《かいがん》供養会《くようえ》が行われました。このような巨大なものを、1200年以上も前にどうやってつくったのでしょうか。

残念ながら、きちんとした記録はありません。ただ、材料については史料が残されています。嘉承《かしょう》元（1106）年成立の『東大寺要録《とうだいじようろく》』です。それからおよそ400年前のことを記したものですから、元になる記録があったことが推測できます。

日本の寺院はさまざまな記録を残していますが、たとえば法隆寺《ほうりゆうじ》（奈良県生駒《いこま》郡斑鳩《いかるが》町）の『法隆寺《ほうりゆうじ》伽藍《がらん》縁起《えんぎ》并《ならびに》流記《るき》資財帳《しざいちよう》』には、寺院の縁起《えんぎ》（由来）、敷地および建物、仏像、仏具、経典《きようてん》（仏典《ぶつてん》）、稲穀《とうこく》、住僧、奴婢《ぬひ》などの数が細かく記載されています。『東大寺要録』にも、大仏建造に使われた金属の量が次のように記録されています。

熟銅《じゆくどう》（精錬銅）73万9560斤《きん》（1斤＝600gとすると約444t）
白鑞《しろめ》（鉛《なまり》と錫《すず》の合金）1万2618斤
錬金《れんきん》　1万436両《りよう》（1両＝37・5gとすると約391kg）
水銀　5万8620両
木炭　1万6656斛《こく》（1斛＝150kgとすると約2498t）

いっぽう労働力は、延《の》べ人数で次のような数字が挙げられています。

金知識《こがねのちしき》（鋳造関係の技術者）37万2075人
その配下の労働者　51万4902人
材木知識（材木関係の技術者）　5万1590人
その配下の労働者　166万5071人

合計すると、250万人以上が動員されています。当時の日本の人口が450万～600万人と推計されていますから、国を挙げての一大事業だったことがわかります。

仏教は大陸から朝鮮半島を経由して日本に取り入れられましたが、銅製の大仏は中国や朝鮮半島にはありません。朝鮮半島や中国では廃仏が繰り返し行われたため、破壊されて残っていない可能性もありますが、朝鮮半島の寺には大規模なものはなく、大仏などはつくられなかったと推測されます。中国には大仏がありますが、それは石製や石から掘り出したもので、敦煌《とんこう》などに残っています。あるいは粘土《ねんど》で固めた塑像《そぞう》が中心です。つまり、どのような経緯で東大寺の大仏を銅でつくることになったのか、事情がわからないのです。

聖武《しょうむ》天皇（701〜756年）が大仏をつくる発願をしたのが、そもそもの大事業の始まりです。亡くなった子どもの供養のためでもあったようですが、主要な目的は国家を護《まも》る、すなわち鎮護国家です。巨大な大仏をつくることで国が治まると考えたのです。聖武天皇は国民に向けて、すこしでも協力してくれるように、と詔《みことのり》を発しています。国民の協力を得ながら、国を安泰にする大仏を建立しようとしたわけです。

鋳造《ちゅうぞう》技術に関しては渡来人《とらいじん》の寄与が考えられます。実際に大仏を見るとわかりますが、ところどころに継《つ》ぎ目があります。継ぎ目は8本あり、1層ずつ、つくり上げていったと考えられます。大仏の本体は銅ですが、表面は金が張られていました。今と違って、金ぴかに輝いていたのです。当時、中国地方で金鉱が発見され、金メッキを施《ほどこ》すことができました。メッキには水銀が使われます。若草山《わかくさやま》（奈良県奈良市）に樹木がないのは水銀汚染のためとする説もあります。真偽のほどはわかりませんが、水銀による人的被害もあったでしょう。なお、現在の日本の文化財保護の方針は現状維持が基本ですので、金を張り直すことはしません。

経済学者の宮本勝浩《みやもとかつひろ》さんは銅の費用、人件費、労働者の住居費などから、大仏の建造費を約3363億5000万円、大仏殿を含めると約4657億円と推計しています。経済波及効果は約1兆246億円だそうです。

巨大建造物は建造だけでなく、維持も大変です。東大寺の大仏も火災、地震、戦乱などに見舞われ、首が落ちるなど、何度も修復を繰り返しています。現在の顔は江戸時代に修復されたものですが、日本の四大絵巻物の1つ「信貴山縁起絵巻《しぎさんえんぎえまき》」には現在とは異なる顔が描かれています。個人的には、そちらのほうがイケメンに見えます。また、建造当時の大仏殿は現在のものより大きかったと言われています。

出雲大社、謎の本殿

現在、日本の神社の社殿でもっとも大きいのは出雲大社《いずも》（島根県出雲市）です。今の社殿は江戸時代に再建されたもので高さ約24mですが、平安時代は約48m、太古は約96mだったと伝えられています。島根県立古代出雲歴史博物館に平安時代の復元模型が展示されているのですが、その巨大さに唖然《あぜん》とします（17ページの写真）。

出雲大社の社家《しゃけ》（出雲国造《いずもこくそう》）である千家《せんげ》家に伝わる「金輪御造営差図《かなわごぞうえいさしず》」には、9本の柱を俯瞰《ふかん》した図が載っています。江戸時代の国学者・本居宣長《もとおりのりなが》（1730〜1801年）は千家家と親しく、この差図を見せてもらい、自著に引き写しているのですが、いくら何でもこれは大きすぎるとして疑義を呈しています。

ところが、ごく最近の2000年、巨大柱が境内《けいだい》の土中から発見されたのです。直径1mを超す杉の巨木が3本、金輪で束《たば》ねられており、差図の信憑性《しんぴょうせい》が一気に高まりました。差図の通りとすれば、前面に1町《ちょう》（約109m）の階段がつくことになりますから、

出雲大社本殿

平安時代の本殿の1/10模型。15階建てのビルに相当する
（朝日新聞社）

48mの高さがあっても不自然ではありません。この発見に先立って、建築史家の福山敏男《ふくやまとしお》さんは千家家の差図は平安時代の原図から書き写されたものとし、高さ16丈《じょう》（約48m）で1町の階段がついた高層の神殿の復元図を発表していました。これだけの高さがあったためでしょうか、本殿は7回倒壊したと記録されています。

ゼネコンの大林組が福山さんを監修者にして、本殿の復元プランをつくったこともありました。それによれば、6年の工期を要し、総作業員は12万6700人、総工事費は1億8600万円となっています。これは、現在の高層ビルの建築費に匹敵します（福山敏男監修、大林組プロジェクトチーム編『古代・出雲大社本殿の復元』）。

なお、2013年の遷宮《せんぐう》は屋根の葺《ふ》き替えが中心でしたが、それでも約80億円かかっています。

せっかくですから、伊勢《いせ》神宮（三重県伊勢市）の遷宮も見てみましょう。伊勢神宮の遷宮は20年に1回行われます。20年という期間は技術の継承のためという説もありますが、戦国時代には100年以上途絶えたこともあります。現在の伊勢神宮は民間の宗教法人ですから、遷宮に国からの援助はありません。皇室と縁があるため、皇族が一部拠出しますが、それだけではとても足りません。２０１３年の遷宮は５５０億円でした。遷宮の作業に入る前に３３０億円が集まりましたが、残りの２２０億円は信者や財界からの寄付で集めました。ちなみにその前、１９９３年は３３０億円でしたから、２２０億円も増額したことになります。

ノートルダム大聖堂の再建費用

フランス・パリのノートルダム大聖堂は２０１９年4月、大火災に遭《あ》い、損壊しました。同教会は国有です。これはフランス革命の影響なのですが、カトリックの教会を国が没収し、国有化しました。国有の施設のなかで、カトリック教会が宗教儀式を営《いとな》むという形式を取っているのです。

火災による再建費用の全額を国が賄《まかな》えるか不明だったため、一般から寄付を募《つの》ったところ、１カ月間で10億ユーロ（約１２３０億円）が集まりました。ただ、パリ司教区のミシェル・オペティ大司教は「寄付金の大半はまだ実現に至っていない」との声明を出しています。つまり、寄付の申し出はあるものの、本当に実現されるか未定というわけです。

フランスは全人口の約3分の2がカトリックとされていますが、近年、急激にその数を減らしています。洗礼を受ける人の減少もそうですが、聖職者である神父・修道士になる人が激減していることのほうが重大です。現状、国内で聖職者になろうと学んでいるのは外国人ばかりで、フランス人で聖職者になろうとする人はきわめて少ないのです。

信者がいない、もしくは激減したフランスの教会は、住宅やサーカスの練習場として売られていますが、もっとも多いのはイスラム教のモスクへの転用です。モスクの需要が高まっているのです。これは西ヨーロッパ共通の現象ですが、労働力不足を背景に東ヨーロッパから盛んに移民を受け入れ、それでも足りないために旧植民地からの移民に頼りました。北アフリカのマグレブ3国（モロッコ、アルジェリア、チュニジア）が中心ですが、彼らは基本的にイスラム教徒です。現在、フランスのイスラム教徒は全人口の8・8％、約570万人に達しています。ちなみにヨーロッパの平均は4・9％です。

イスラム教徒が急増し、カトリック信者が減少していても、ノートルダム大聖堂が損壊すれば、多くの人が寄付する風潮は今でも残っているわけで、宗教における建築物の力を感じます。

トルコにおける政教分離

イスラム教の建築物は日本にもあります。日本最大のモスクが、東京ジャーミイ（東京都渋谷区）です。「ジャーミイ」とは、トルコ語でモスクを意味します。1917年にロシア革命が起こると、ロシアのカザン州のトルコ系住民の一部が日本に亡命しました（その後、多くがトルコ国籍を取得）。彼らはイスラム教徒であり、祈りの場としてモスクを建設しました。これが東京モスクです。

東京モスクは1990年代に老朽化のため、取り壊されました。そこで、日本国内のトルコ人から再建の願いが出ます。その際、トルコ政府はどのように対応したのでしょうか。

トルコはフランス同様、共和国の建国以来、政教分離を推《お》し進めてきた国です。私の見る限り、世界でも政教分離がきちんとなされているのはフランス、トルコ、日本です。フランスは革命によってカトリック勢力を打倒し、聖職者の処刑なども行いました。トルコはオスマン帝国が滅び、トルコ共和国となった時に、政教分離の政策を実行しました。

ですから、モスク再建に政府が資金を出すことはできません。そのため、同国の宗務庁が中心となって東京ジャーミイ建設基金を設立し、国民に広く寄付を募ったのです。建築費は約12億円で、職人もトルコから派遣されました。こうして、東アジアでもっとも美しいと言われるモスクが完成したのです。

東京ジャーミイには「イマーム」と言われる宗教指導者が常駐しています。金曜午後には集団礼拝があります。聖地メッカ（サウジアラビア・マッカ州の州都）に向かって、礼拝を行ったあと、イマームが説教をします。ちなみに、イマームは聖職者ではなく俗人です。イスラム教には聖職者は存在しません。

イスラム教徒は普段、それぞれの生活の場で祈りますが、場所は問いません。ちなみに、私は千代田区の千鳥《ちどり》ヶ淵《ふち》でお花見をした時、イスラム教徒の女性が道端で祈っている光景を見たことがあります。イスラム教では祈りの時刻と方角が決まっており、花見の最中にその時間が来てしまったのです。方角については、今はメッカの方向を示す腕時計やスマホのアプリもありますが、それらの機器がない時はおおよその見当で行っていたようです。聖典の『コーラン』（アラビア語で『クルアーン』、第1章・4章で詳述）はアラビア語で唱えるもので、それ以外の言語で唱えることはありません。どのように学ぶかというと、子どもの頃にコーラン学校に通って暗記するのです。そうした子どもたちがやがてイマームになっていくのです。

このイマームを東京ジャーミイに派遣しているのがトルコの宗務庁で、給料もそこが出しています。政教分離に違反するようにも思えますが、イスラム教という宗教を国家が監視するためになされているのです。政教分離といっても、各国によって違いがあることがわかります。

バチカンの金と闇

巨大建造物を通して宗教の力を見てきましたが、宗教はどれくらいの経済力を持っているのでしょうか。新旧2つの宗教を取り上げます。まずは、カトリックの総本山バチカンです。

『ヤング・ポープ　美しき異端児』（2016年制作）というテレビドラマがあります。「ポープ」は教皇（ローマ教皇。カトリック教会の最高位の聖職者）のことです。2019年には続編『ニュー・ポープ 悩める新教皇』がつくられ、ジュード・ロウとジョン・マルコヴィッチなどが出演しています。架空の教皇をめぐるストーリーなのですが、バチカンでロケをしており、かなりリアルです。拙著『性《セックス》と宗教』でも触れましたが、聖職者の同性愛を扱ういっぽう、バチカンの財務面を扱う人物も登場します。

実際、バチカンは「バチカン株式会社」と言われるように、莫大な資産を有していると考えられています。『バチカン』(郷富佐子)から、一例を挙げましょう。

1982年、イタリア最大の銀行だったアンブロシアーノ銀行が不正融資の焦げ付きで倒産しました。直後に、ロベルト・カルビ元頭取がイギリス・ロンドンのテムズ川の橋で首を吊っているのが発見されます。検察の調べでは、不良債権の多くは南米のタックス・ヘイブン会社に投資されており、そのほとんどがバチカン銀行(正式名称は宗教事業協会)支配下のダミー会社でした。その後、バチカン銀行の総裁マルチンクス大司教に逮捕状が出され、イタリアは大騒ぎになります。しかし、バチカンは不正融資の実態は知らなかったと主張し、真相は不明のまま終わるかと思われました。

しかし10年後、カルビ元頭取が死の直前に教皇ヨハネ・パウロ2世に宛てた手紙が見つかったことで、事件が再燃します。そこには、「あなたの代理人の指示で、多数の政治や宗教組織にカネを出してきた私、（中略）私が、バチカンから裏切られた。今度はあなたが私を助ける番だ」と書かれていました。検察は捜査を再開します。そして、アンブロシアーノ銀行に預けた金を適正に扱わなかった罰として、マフィアの幹部が元頭取を殺害したとの結論に至り、5人を逮捕しました。ところが判決では、証拠不十分として全員無罪となり、事件はうやむやのままに終わってしまいました。

同書によれば、教皇庁（ローマ教皇庁）の2003年の収入は2億360万ユーロ（325億7600万円。1ユーロ＝160円で計算）、支出は2億1320万ユーロ（341億1200万円）で、収支は赤字です。記録が残っている1970年以降、赤字と黒字を繰り返しているようです。

収入は、リスクの低い投資と聖職者らの宿泊施設の家賃、信者による「ペトロ献金」と呼ばれる寄付などで、アメリカ、ドイツ、イタリアからの献金が多いようです。支出は教皇庁の職員の給与、在外大使館の運営費などです。ちなみに、ミケランジェロやダ・ヴィンチなどの数々の美術作品を保有していますが、それらは売らないことが決められており、資産価値はすべて1ユーロだとか。台所事情は厳しいとされますが、バチカン銀行には50億ユーロ（8000億円）の資産が眠っているとも言われています。前述の事件などもそうですが、金の実態が見えないと、さまざまな疑惑を招くことになります。

20世紀以降、多国籍企業などの世界組織は急激に増えましたが、かつて教皇庁は唯一の世界組織でした。キリスト教の三大教派のうち、プロテスタントと正教会《せいきょうかい》（東方正教会《とうほうせいきょうかい》）は国や民族が基盤になっているため、世界組織ではありません。いっぽう、カトリックは教皇庁を中心に1つに統合されています。

たとえばウクライナの正教会でも、ロシア正教会に所属しているものと独立しているものがあります。他にも、教義はカトリックでも、儀式に関しては正教会方式で行う流派などもあり、複雑です。それに比べてカトリックは一枚岩で、教皇庁が各国の枢機卿《すうききょう》や司教を指名します。このことでは近年、中国と揉《も》めています。中国は、バチカンが自国の教会人事に介入することを拒否したのです。結局、中国側が選んだ人物をバチカンが指名することで妥協が成立しました。

このように、カトリックは世界で約13億人以上の信者を抱《かか》える組織ですから、バチカンに集まってくる金は莫大なものになります。最近はコロナ禍のため、バチカンに来る人が激減し、財政的に厳しいようですが、裏の金をスイスの銀行に預けているとも言われ、その実態は不明です。

創価学会の経済力

続いて取り上げるのが、日本の新宗教・創価学会《そうかがっかい》です。

創価学会は、1930年に創価教育学会として始まりました。その名の通り、最初は教育者の団体でした。創始者の牧口常三郎《まきぐちつねさぶろう》（1871～1944年）は小学校の校長を歴任した教育者であり、地理学者でもありました。その関係で、民俗学者の柳田国男《やなぎたくにお》（1875～1962年）とも縁がありました。同会は戦後、創価学会と改称されます。当初、他の新宗教と比べて伸びが遅かったのですが、第2代会長戸田城聖《とだじょうせい》（1900～1958年）のもと、急拡大していきます。

創価学会はここのところずっと、会員数を827万世帯としています。世帯単位で数えるのは、世帯ごとに本尊として仏壇に祀《まつ》る曼荼羅《まんだら》を授与するからです。827万というのは、その総数とも考えられます。1世帯2人としても、1600万人以上です。その通りなら、公明党がもっと議席を取っていてもおかしくないわけで、これは鵜《う》呑《の》みにできません。

かつて、創価学会の機関紙である「聖教新聞」には、創価学会に関するさまざまな情報が発表されていました。たとえば、地域ごとの会員名簿が出ていました。今ではそのような情報は出ていません。そもそも、創価学会の組織の全体図も示されていません。地域ごとにどれくらいの支部があるか、細かく調べないとわかりません。一般の会員ですら、自分たちの組織全体がどうなっているかわからなくなっています。私は現在、信者数は約235万人と見積もっています。

とはいえ、最盛期は一度でも創価学会にかかわった人を含めると、1000万人に届いていた可能性があります。親族、友人に創価学会の会員がいたという人も珍しくないでしょう。それだけたくさんの庶民がせっせと献金をしていました。具体的な数字として明らかになっているものを挙げましょう。

前回の東京オリンピック開催の前年である1963年、すなわち高度経済成長まっさかりの時期ですが、大石寺《たいせきじ》（静岡県富士宮市《ふじのみや》）が大客殿《だいきやくでん》を建立しました。大石寺は日蓮宗《にちれんしゆう》の一派である日蓮正宗《にちれんしようしゆう》の総本山であり、創価学会はその信徒団体の1つです。

大客殿建立の献金目標は10億円に設定されましたが、蓋《ふた》を開けてみれば32億円が集まりました。その後、本尊を祀る正本堂《しようほんどう》は50億円を目標にしたところ、4日間で330億円が集まりました。集金から建設までに7年間あり、当時は金利が非常に高かったため、132億円の利子がつき、創価学会が手にした総額は500億円近くに達しています。

1972年に完成した正本堂（31ページの写真）は総面積3万9368㎡、延床面積3万5155㎡、高さ66m。信徒席5400、僧侶席600というものでした。現在の歌舞伎座が約2000席ですから、その巨大さがわかります。サン・ピエトロ聖堂もこれほど大きくありません。

大客殿と正本堂の設計を担当したのが、建築家の横山公男《よこやまきみお》（1924〜2010年）で、彼は大客殿の設計では日本建築学会賞を受賞しています。新宗教の建築物は巨大で奇抜なものが多く、予算も莫大です。お金をかけて派手なものをつくることができるわけで、建築家にすれば魅力的な仕事です。いっぽう、宗教団体にすれば有名建築家に依頼して、賞でも取れば、箔《はく》がつきます。

創価学会は会員の急激な増加により、各地に日蓮正宗の寺を寄進《きしん》（寺院や神社に金品などを寄付すること）しました。やがて寺の数は全国で365カ寺になりました。これが、のちに創価学会と日蓮正宗の争いのもととなり、学会の金で僧侶が贅沢《ぜいたく》な暮らしをしていてけしからんなどとして、両者は決別しました。1991年のことです。

現在は長者番付が発表されていませんが、かつて、宗教法人の収益事業（宗教活動以外からの収入）のトップは創価学会でした。収入の主たるものは聖教新聞の購読費で、他にも出版物による収入があります。

これとは別に、創価学会には、年に1回行われる「財務」という献金があります。具体的には、各会員に1万円以上の献金を求めるわけですが、熱心な会員になると1000万円以上を拠出する人もいましたから、かなりの金額になります。私は公明党委員長を務めた矢野絢也《やのじゅんや》さんとの対談本『創価学会　もうひとつのニッポン』を2010年に刊行していますが、そのなかで矢野さんは1990年代の財務の目標が2500億円だったと言っています。これがどこまで信用できるかはわかりませんが、それくらいの金額が集まって

大石寺正本堂

本尊《ほんぞん》を安置するために建設された。羽ばたく鶴をモチーフとしたデザインが特徴的　（毎日新聞社）

いても不思議ではありません。今はとても1000億円には達しないでしょう。

このような財務などで集まった金を中心に、創価学会は全国に専用の会館を建てていき、それは現在1200カ所に達すると言われています。街中で創価学会の会館をよく見かけますが、これだけの数の建物を建てた新宗教は他にありません。同じ新宗教の幸福《こうふく》の科学《かがく》は1000万人の信者がいると言っていますが、各地域の関連の建物はそれほど大きくはなく、場合によってはビルの一室だったりします。
創価学会の総資産は10兆円という説があり、国会でそのような発言をした議員がいました。それらについて詳しく調べているのが、創価学会と選挙でぶつかってきた日本共産党です。「しんぶん赤旗」は２００１年、総本部（東京都新宿区信濃《しなの》町）の関連施設の資産価値を不動産会社に問い合わせをして、４８０億円と試算した記事を書いています。ここから考えると、全国の会館などを全部合わせても、10兆円というのは誇大で、実際には１兆円程度ではないかと思います。それでも、〝大金持ち〟の組織であることは間違いありません。

宗教への寄付は快感⁉

人間は不思議な生き物で、お金を欲しいと思いながらも、それを出したい、使いたいという気持ちがあります。北アメリカの先住民には「ポトラッチ」という慣習があります。具体的には、王さまが気前のよさを見せるため、客にご馳走をしたり、贈り物をしたりするのです。権力者はそれをしないと、地位や威信を維持できないとされます。

お金を自分の利益のためではなく、他人のために出すという行為は、快感に近いものがあります。宗教に大勢の信者が集まってきた時期には、その気持ちが互いに競うように刺激されました。

創価学会では座談会が基本の単位であり、各地域の信者の家で座談会が開かれる際、財務のお金を持ち寄りました。目の前で集金が行われれば、競い合いの心理になります。ただ、今の財務は銀行振込に変わっていますから、そうした面はかなり薄れています。

宗教団体が巨大な建築物をつくれば、それが目に見える形を取ります。それは信者にとって、自分のお金で立派なものができた、あるいは自分はそのようなことができる徳のある人間である、という満足感につながります。ですから、宗教による巨大建造物の建設が繰り返されてきたのです。

宗教にいかに金が集まるかを見ていきましたが、次章では、「清貧」を重んじるキリスト教が金についてどのような捉《とら》え方をしてきたかを見ることにします。そのなかで、これは一神教全体にかかわることですが、「利子の禁止」という重大な問題が浮上してくるのです。

第1章

禁欲を求め、利子を嫌悪したキリスト教

禁欲の伝統

宗教は禁欲的傾向が強いものと、そうでないものに分かれます。禁欲的なのがキリスト教と仏教で、そうではないのがイスラム教です。

キリスト教のカトリックでは、神父や修道士は独身でなければなりません。正教会の聖職者には妻帯者もいますが、トップは必ず独身です。独身者と妻帯者の間に序列があると考えてよいでしょう。

日本の仏教の場合、明治時代以降、僧侶の妻帯が法的に認められましたが、もともとは出家が基本です。開祖である釈迦《しゃか》（次章で詳述）がそうであったように、独身を守ることが求められます。

このように、キリスト教と仏教の聖職者には、欲望の禁制があるわけですが、これはこの2つの宗教に限られます。そのことに日本人が気づきにくいのは、キリスト教と仏教が身近にあるからです。しかし、これが宗教のスタンダードではありません。たとえば、イスラム教には前述のように聖職者と言われる人はいません。イマーム（指導者）もウラマー（法学者）も妻帯します。

実は禁欲の問題と、宗教と金の問題は深くかかわっています。まずは、禁欲の伝統から見ていきましょう。

キリスト教における禁欲の伝統を辿ると、「原罪の観念」に行き着きます。紀元前10〜前1世紀にまとめられたユダヤ教《きょう》の聖典が『トーラー』です。ユダヤ教では、キリスト教の聖典のうち、『旧約聖書』に含まれるもののみを認め、『新約聖書』を教典として認めていません。そして『旧約聖書』の最初の5つの書（『創世記』『出エジプト記』『レビ記』『民数記』『申命記』）、すなわち「モーセ五書」をユダヤ教では『トーラー』と呼びます。

『創世記』には、最初の人間であるアダムとイブの物語が出てきます。2人は楽園「エデンの園」にいましたが、神が食べてはならないとした「善悪の知識の木の実」を、蛇の誘惑によりイブが食べてしまいます。イブがアダムにも勧《すす》めて食べさせたところ、自分たちが裸でいることが恥ずかしくなった——というものです。

ユダヤ教ではこの物語をこれ以上追究しなかったので、原罪の観念は生まれませんでした。イスラム教も同様です。いっぽうキリスト教では、最初の人間が性的行為を知ったことで罪が生じ、遺伝を通して代々受け継がれているとしました。蛇は悪魔だとされました。人間は生まれながらに罪深いというわけです。考えてみれば、恐ろしい教義をつくり上げたものです。

ただ、初期のキリスト教ではそのような考え方をしていません。それが次第に原罪の方向に向かっていきました。特にそれを強調したのが、ローマ帝国の教父アウレリウス・アウグスティヌス（354～430年）です。つまり、イエス・キリスト（紀元前7頃～後30年頃）が直接言ったわけではなく、イエスの死後の弟子である使徒パウロ（不明～60年頃）の影響を受けたアウグスティヌスによって、原罪という観念がつくり出されたのです。アウグスティヌスが現代に通じるキリスト教をつくった部分が多分にあり、彼についてはのちに詳しく触れます。

いずれにせよ、人間は罪深いというのがキリスト教の根本の考えであり、罪深い人間がいかにして罪を贖《あがな》うかという「贖罪《しょくざい》」が重要なテーマになります。ですから、キリスト教の歴史は原罪と贖罪の歴史と言えるのです。統一教会は、原罪の観念を独自に解釈し、献金や霊感商法で金を得ることを神に金を返すこととして正当化しました。それも贖罪になるというわけです。

儲けることは悪いこと⁉

お金に関しては、貪欲《どんよく》という問題が出てきます。人間の貪欲さを罪として捉えることが、キリスト教的な金銭感覚をつくり上げるうえで重要なものになりました。つまり、金を稼ぐことは良いことなのか、商売はそもそも正しいことなのか、が問われたのです。

商売とは、物を購入して付加価値をつけて他に売る行為で、畑を耕し作物を収穫することとは違い、生産をしていません。差額によって儲ける、商売というあり方自体がそもそも間違っているのではないかとキリスト教では考えられます。そのなかで出てくるのが利子の問題であり、その禁止は近世まで貫く大きなテーマとなっていくのです。

利子は神が創造したものではない、そのようなものを人間が勝手に設定して取ることはけしからんという伝統がキリスト教のなかで形成されていきます。これはわれわれが生きているアジアにはない考え方で、仏教には商売がいけない、利子を取ってはいけないという考えはまったくありません。

キリスト教世界、すなわちヨーロッパでは、いかに商売や利子を合法化するかという難題に頭を悩ませ続けます。そして、ついにその難題を切り抜け、うまくすり抜けたことで、現在では商売や利子が当たり前のものとなりました。

歴史学者の大黒俊二《おおぐろしゅんじ》さんの大著『嘘と貪欲』は、商業と利子が合法化されていく過程を扱っていますが、まずそのなかに登場する2人の商人を紹介しましょう。

11〜12世紀、イングランドの商人ゴドリク（1070頃〜1170年）は貧農の家庭に生まれますが、遠隔地で安く仕入れた商品を高く売ることで巨万の富《とみ》を築きます。ところが、やがて神への思いが強くなり、商売のため旅する途中で聖地に足を運ぶようになります。ちなみに、聖地巡礼によって罪が贖われるというのが、キリスト教カトリックの考え方です。彼は30歳を過ぎた頃、ついに商売から身を引く決断をします。そしてエルサレム（＝イェルサレム。現イスラエルの首都）やローマ（現イタリアの首都）への巡礼から戻ると、すべての資産を貧しい人たちに施し、隠修士《いんしゅうし》（神との一致を求めて砂漠などで独り修道生活を送る人間）となります。以降60年間にわたって敬虔《けいけん》な宗教者としての生活を送り、100歳くらいまで生きたそうです。死後は、聖者に列せられています。

中世には、この種の聖人伝が流行しました。ゴドリクもその1人です。しかし、300

年も経つと、考え方が大きく変わります。

15世紀、地中海で活躍した商人ベネデット・コトルリ（1416～1469年）は1458年、『商業技術の書』を著《あらわ》しました。当時、商人が書物を書くことは少なくありませんでした。彼はこの本のなかで商業が人類にもたらす恩恵を列挙して、商売がいかに必要で有益な営みであるかを説き、商人の高貴さと尊厳を謳《うた》い上げています。逆に言えば、商売に対する否定的な見方や偏見がまだ存在したために、それに反駁《はんばく》したのでしょう。いずれにせよ、商人が自分の行為に自信を深めたことがわかります。

問題視された日本の小説

『新約聖書』には、イエスの次のような言葉が出てきます（ふりがなは引用者。以下、引用におけるふりがなの加除は同様）。

イエスは弟子たちに言われた。「はっきり言っておく。金持ちが天の国に入るのは難しい。重ねて言うが、金持ちが神の国に入るよりも、らくだが針の穴を通る方がまだ易しい。」弟子たちはこれを聞いて非常に驚き、「それでは、だれが救われるのだろうか」と言った。イエスは彼らを見つめて、「それは人間にできることではないが、神は何でもできる」と言われた。
（日本聖書協会編『聖書』マタイによる福音書19章23–26節。以下、『聖書』の引用は同書より）

イエスは、経済的な豊かさを追求しても天国には行けない、と言ったわけです。また、キリスト教は聖職者が独身ということもあり、清貧を強調する傾向があります。その例としてよく挙げられるのが、修道会であるフランチェスコ会《かい》の創設者として知られる修道士アッシジのフランチェスコ（1182〜1226年）です。

1972年に公開された映画『ブラザー・サン シスター・ムーン』は彼の半生を描いたものですが、公開当時はヒッピー文化が華《はな》やかなりし頃で、その影響を多分に受けた青春群像劇になっていました。商人の子フランチェスコが戦場に赴き、悲惨さを経験することによって帰還後に大きく変わり、自分の財産をすべて捨てて裸になるシーンをよく覚えています。現代でも、フランチェスコの伝記が新たに刊行されています。

修道会とはカトリック教会から生まれた修道団体であり、その生活の場が修道院です。修道会はカトリックと正教会に見られるもので、プロテスタントにはありません。そのため、新旧キリスト教を分けるポイントにもなっています。

修道会に入るには、3つの修道誓願《しゅうどうせいがん》（清貧、貞潔、従順）を立てねばなりません。清貧とは私有財産の放棄を、貞潔は独身生活を、従順は会の上長者への絶対的服従を指しています。

修道院は男女別々で、男性は「修道士」、女性は「修道女」と呼ばれます。そして俗世間から離れて戒律を守りながら、祈りの日々を送ります。日本の修道院での暮らしも、以前は言わば幽閉されているようなもので、基本的には外に出ない生活を送りました。ただ20世紀以降、変わってきました。特に第2バチカン公会議《こうかいぎ》（1962〜1965年）によって、修道士たちも社会性を持ち、外部と積極的にかかわるようにと言われるようになりました。修道士や修道女を街で見かけるようになったのは、同会議以降のことなのです。

公会議とは、教義や規律などを審議決定するために、教皇（古代はローマ皇帝）が全世界の枢機卿、司教らを招いて開く会議のことです。最初の公会議は、ローマ皇帝のコンスタンティヌス帝（?〜337年）が325年に招集したニケーア公会議です。同会議で採択されたのが、キリスト教の基本信条である「ニケーア信条」です。

作家の曽野綾子《そのあやこ》さんはカトリック信者でもありますが、彼女の小説『不在の部屋』には、第2バチカン公会議を経ていかに修道院が変わったかが記されています。タイトルの「不在」とは「神がいない」ことを意味していますが、その内容はカトリック信者の間でかなり物議を醸《かも》したようです。

経済的自立を目指した修道会

中世になると、「貪欲」が問題視されるようになります。中世の神学者トマス・アクィナス（1225頃〜1274年）は、「貪欲は、他の大罪と同じく大罪である。俗世の束《つか》の間《ま》のもののために久遠《くおん》のことどもを難ずるものなれば」と述べました。

アクィナスはドミニコ会《かい》の修道士からパリ大学の教授になった人物で、前述のフランチエスコよりもあとの世代です。彼は、キリスト教信仰にアリストテレス（紀元前384〜

前322年）に代表される哲学の理性を調和させてスコラ学（後述）を大成し、後世のキリスト教に大きな影響を与えました。

ここで、修道院の歴史を概観しておきます。そこから、清貧と貪欲が硬貨の両面のように絡《から》んでいることがわかるからです。

修道院という形態はのちの姿であり、もともとは修行者が砂漠や山中などで個人的に祈りの生活をしたり、苦行を実践したりしたことが始まりです（以下、今野國雄『西欧中世の社会と教会』より）。やがてヌルシアのベネディクトゥス（480頃〜547年頃）が現れて、修道会の規則「聖ベネディクトゥスの戒律」をつくり上げます。これによって、修道院の西欧的形態が確立されました。ベネディクトゥスが529年に創立した修道会が、現在も続くベネディクト会《かい》です。そのモットーは「祈り、働け」です。

その後、修行者にとって修道院の生活が大きな比重を占めるようになりました。それまで個人で苦行していた人は自《みずか》らの罪深さを克服するために行っていたわけですが、修道院では中庸《ちゅうよう》の精神、仏教で言えば中道《ちゅうどう》になりますが、すなわち快楽でも苦行でもない道を歩み、労働によって経済的な自立をはかっていくことになりました。

ベネディクト会はその後、イスラム教徒やノルマン人、マジャール人などによって攻撃されるなどして衰退しますが、10世紀初頭にクリュニー修道院（クリュニーは現フランス・ブルゴーニュ地方）による改革がなされ、持ち直します。典礼が整備され、修道院での生活が即座に神への信仰に結びつくようになると共に、領主が持っていた聖職の叙任権《じょにんけん》を排除して教皇の直接の保護下に置かれ、人事・財産の管理・運営を修道院自身が行う「クリュニーの自由」が確立されました。クリュニー修道院を頂点とするクリュニー会《かい》は12世紀に最盛期を迎え、傘下の修道院は１５００におよびました。

その影響のもと、１０９８年にシトー修道院がつくられましたが、やがてクリュニー会と対立するようになります。シトー会《かい》は土地領主的な収入の拒否を掲げ、自給自足を原則としました。ただし、余剰生産物を市場で売ることは大目に見られていたので、「基本方針に則してみた場合、はじめから穴だらけであった」（クヌート・シュルツ著、魚住昌良・早川朝子訳『シトー修道会と都市』）とされます。シトー会は12世紀末までに傘下に５３０の修道院を抱えました。しかし、12世紀後半に異端が現れ、対抗するためにドミニコ会、フランチェスコ会などの托鉢修道会《たくはつしゅうどうかい》（托鉢教団）がつくられました。托鉢とは、信者からの寄付を指します。托鉢修道会の特徴は、広く福音伝道《ふくいんでんどう》を行ったことです。

修道士は清貧の環境のなかで聖書を学び、研究し、思索を展開するわけですが、組織ができて豊かになると、清貧の実践と矛盾することになります。クリュニー会も、シトー会もその問題に突き当たるのですが、これに関しては第5章で触れたいと思います。

極端に清貧を追求したカタリ派

キリスト教に常につきまとうのが、異端の問題です。カトリックの場合、繰り返し開かれた公会議の決定が正式なものであり、ここからはずれるものは異端になります。

信仰や信仰活動において極端な方向に行く人たちがいますし、それに対抗する人たちも出てきます。清貧を追求するドミニコ会やフランチェスコ会のような修道会が増えてくると、それと並行するように異端の人たちも増えていきました。どこで正統と異端の線引きをすべきか、そのために取られたのが異端審問《いたんしんもん》です。宗教において、中庸を保つことがいかに難しいかがわかります。

異端の代表として、カタリ派《は》について触れましょう。西洋史学者の渡邊昌美《わたなべまさみ》さんの著書

『異端カタリ派の研究』をもとに説明します。

絶対的な神が支配している世界は本来、善の世界です。それなのに、なぜ悪が生まれてくるのか――。これをどのように説明するかが、キリスト教の神学では重要な課題でした。

この問題に取り組んだのが、前述のアウグスティヌスです。彼はキリスト教への改宗前はマニ教《きょう》の信者でした。マニ教は3世紀にバビロニア（現イラク南部）のマニが創始した宗教で、善悪二元論、禁欲主義、偶像否定を特徴とします。善なる神と悪なる神の両方が存在すると考えるわけですが、これはキリスト教の考えと相容《あいい》れません。アウグスティヌスはこの二元論を否定して、神は絶対的で唯一の存在であるという考え方を強調しました。キリスト教に改宗したあとは生涯にわたり、マニ教を批判し続けました。

しかし、現実に悪がある以上、神学者がいくら努力をしても、善なる神がつくった世界に悪がはびこることへの疑問は解決できません。どうしても二元論を説く異端が出てきてしまいます。そして、異端は「マニ教」とあだ名されました。マニ教＝二元論＝異端という構図です。

この二元論的な世界観に立ったのが、カタリ派です。カタリ派は、悪い神は悪魔であり、われわれが生きている世界は悪魔によって創造されたと考えます。あらゆるものが否定的な価値を帯び、『旧約聖書』の神自体が悪魔であるとします。善なる神が創造した霊は、肉体という牢獄に囚《とら》われているというのです。

キリスト教の一般的な教義では、イエス・キリストは人間が善なる神によって創造されたという点で聖なる起源を持ち、人類の救済を啓示するために来臨したとします。しかしカタリ派は、『福音書（イエスの言行録。マタイ、マルコ、ルカ、ヨハネの4書がある）』に書かれていることはあくまで幻であり、彼らはイエスを天使と捉えますが、天使とは本来この世の物質的なものにかかわるものではないと、そうしたキリスト教の一般的な教義に真っ向から反対します。そうなると、キリスト教の根幹である「三位一体説《さんみいったいせつ》（父なる神、子なるイエス、聖霊《せいれい》の3者は同質であるとする考え）」も、贖罪という教義も否定されることになります。

彼ら自身は、自分たちこそが「善《よ》きキリスト教徒」であり、救われるためにはこの物質世界から離れる必要があると考えています。この考えは、穢《けが》れた世俗の世界から身を遠ざけて信仰生活を送ることが正しいとする修道会の思想と実は共通しています。

肉欲、肉食を憎悪の対象として、修道生活を極端に進めたのがカタリ派なのです。これを突き詰めると、自殺の肯定にまで行き着きます。この世界は悪の世界ですから、そこから逃《のが》れる方法は自殺になるからです。これは「耐忍礼《たいにんれい》」と呼ばれるのですが、さすがのカタリ派でも、聖職者である「完徳者《かんとくしゃ》」にだけ勧められ、一般の信者には勧めていません。

カタリ派は南フランスでかなりの広がりを見せたので、カトリック教会は討伐のために1209年、アルビジョワ十字軍《じゅうじぐん》を送って弾圧しました。

このように、清貧を追求していけば異端が生まれるという矛盾が生じるわけで、キリスト教は大きな問題を抱えてきたのです。

利子の禁止

罪深いということでは、商売にともなう利子の問題があります。前述したように、キリスト教の出発点には原罪の観念があります。罪深い人間は贖罪を求めます。実は、後述する十字軍も贖罪の旅になるというのがそれを招集する際の宣伝文句でした。

教会ができると、さまざまな贖罪の手段を提供するようになります。まず洗礼を受けることでキリスト教徒になります。「告解《こっかい》（神と司祭の前で犯した罪を告白すること）」も贖罪の機会です。亡くなる時には終油《しゅうゆ》（香油《こうゆ》を塗る儀式）、つまり最後に聖職者が許しを与え、天国に行くことができるとしました。

罪を自覚していくなかで、難問として浮上してきたのが、商売や金融における利子の問題です。利子は、次のように『旧約聖書』の段階から禁じられていました。

もし同胞が貧しく、自分で生計《せいけい》を立てることができないときは、寄留者《きりゅうしゃ》ないし滞在者を助けるようにその人を助け、共に生活できるようにしなさい。あなたはその人から利子も利息も取ってはならない。あなたの神を畏《おそ》れ、同胞があなたと共に生きられるようにしなさい。その人に金や食糧を貸す場合、利子や利息を取ってはならない。

（『旧約聖書』レビ記25章35－37節）

外国人には利子を付けて貸してもよいが、同胞には利子を付けて貸してはならない。

それは、あなたが入って得る土地で、あなたの神、主《しゅ》があなたの手の働きすべてに祝福を与えられるためである。
（『旧約聖書』申命記23章21節）

ユダヤ教のラビ（宗教指導者）たちは、『トーラー』（『旧約聖書』）の記述にもとづいて「軽度の利子に関しても禁止した」と説明します（市川裕「ユダヤ教の経済観念」）。

古代ギリシアの哲学者アリストテレスもまた、著書『政治学』のなかで、貨幣を貸して利子を得ることは自然に反することとしています。アリストテレスは多神教の世界に生きた人物であり、キリスト教など一神教の視点から述べているわけではありません。その彼も、利子は自然に反していると捉えているのです。アリストテレスが中世の神学に与えた影響は大きく、きわめて重要な記述です。そして、この考えはキリスト教にも影響を与えていきます。

神学者のトマス・アクィナスは、著書『神学大全』で、ラテン語で利子を意味する「ウスラ」を厳格に禁じています。前述のように、『旧約聖書』は異邦人から利子を取るのはよいが、仲間から取ってはいけないと述べていますが、これはのちのちさまざまな問題を引き起こしていきます。

悩む高利貸し

中世盛期（11～13世紀）、ヨーロッパでは急激に人口が増え、商業活動が盛んになりました。資金需要が高まるなか、高利貸しが誕生します。キリスト教徒はどこから金を借りるかというと、異邦人であるユダヤ人になります。もちろん、キリスト教徒がユダヤ教徒に金を貸してもよいのですが、キリスト教徒の人数のほうが圧倒的に多いので、ユダヤ人の高利貸しが目立つことになります。やがて、ユダヤ人は金融の世界に進出していきます。

経済発展にともない、キリスト教徒のなかにも高利貸しが出現します。しかし、『旧約聖書』によって禁じられている利子を取る高利貸しは卑《いや》しい仕事と見なされただけでなく、死後には地獄に落とされると考えられていました。

高利貸したちも罪深いことをしているという自覚があり、亡くなる前に利子を返すこともあったようです。フランスの中世史家ジャック・ル・ゴッフの著書『中世の高利貸』のなかには、次のような話が出てきます。

ある裕福な高利貸しは普段、神を畏《おそ》れることもなかったが、ある夜、妻のかたわらで寝ていた際、突如として身震《みぶる》いしながら起き上がり、いぶかる妻に「たった今、最後の審判に連れていかれ、数えきれぬ罪状で訴追されたのだが、私はうろたえて口もきけず、告解を願い出ることもできなかった。ついに至高の裁《さば》きの手が私を悪魔に引き渡す判決を下された。今日にも悪魔どもが私を拉致《らち》しにやってくるはずだ」と答え、近くにあった質草《しちぐさ》の上着をはおると出ていってしまいました。彼は教会に逃げ込んだのですが、放心状態で、結局は船に乗せられて悪魔に連れ去られてしまったというのです。

本当に悪魔に連れ去られたのかはわかりませんが、高利貸しの抱く罪悪感が伝わってくるエピソードです。

利子の回避手段

『旧約聖書』で利子を禁じたキリスト教ですが、『新約聖書』には利子を容認するような話も出てきます。いわゆる「タラントン」のたとえです。

主人が旅に出る時、3人の僕《しもべ》に財産を預けます。2人はその金を使って金儲けをするのですが、残りの1人は主人の大切な金として、そのまま守り通します。帰ってきた主人は2人を褒《ほ》めるのですが、増やしも減らしもしなかった男に対しては次のように言って、叱るのです。「それなら、私の金を銀行に入れておくべきであった。そうしておけば、帰って来たとき、利息付きで返してもらえたのに」（『聖書』マタイによる福音書25章27節）。

しかし、キリスト教としては利子の禁止の方向に向かいました。たとえば、ニケーア信条を採択した、325年のニケーア公会議では神学上の議論だけでなく、聖職者のあり方も議論になり、聖職者の徴利《ちょうり》（利子を取って金を貸すこと）を禁じています。ということは、そのような神父がいたということにもなります。

ただ、徴利禁止が一般に浸透するには時間がかかりました。フランク王国のカール大帝（742～814年）が789年に発布した「一般訓令」によって、世俗権力や世俗信徒にまで適用されることとなりました（上村能弘「徴利を禁ずる神の教えとファクター制度」）。

その後、徴利の相手は敵、あるいは異教徒に限ることが強調されていきました。しかし、12世紀中頃になると、ユダヤ教徒がキリスト教徒から利子を取ることに非難の声が高まり、13世紀になると、ユダヤ教徒がキリスト教徒から利子の返還を迫られる事案も発生します。1215年、ついに第4ラテラノ公会議において、世俗の権力者に対してユダヤ人の利子の徴収を止めさせることを求める決議が採択されます。

社会全体が利子禁止の方向に進むいっぽう、それをすり抜けようとする人間が登場します。その主な手段を紹介しましょう。

たとえば、金銭的に困っている親しい友人に無利子でお金を貸したとします。借りた側は、その友情にどのように報《むく》いたらよいのでしょうか。気持ちだけではなく、プレゼントを贈ったらどうか、ということになります。親しい間柄なのだから、プレゼントのやりとりは普通に行われます。その贈りものは現金でもかまわない。つまり、利子をプレゼントという形で支払うわけです。

他にも、損害補償や割引という手段も取られました。たとえば、300ダカット（ダカットは中世の金の単位で、13世紀にヴェネツィアで発行された金貨に遡《さかのぼ》る）のお金を無利子で貸します。返済期日を過ぎた場合、貸した金に損失が発生したと考え、延滞金を求めます。期限前の返済は割引するとしますが、実際は表《おもて》の期限を2カ月にして、裏では3カ月に指定しておくわけです。返済期限を過ぎていますから、延滞金が発生します。利子を延滞金という形で取るのです。
　こうして「教会が言うことには反していない」と主張したのです。

利子を認めたオリヴィの理論

　このように、いくら公会議で利子を禁じても、すり抜ける者もいますし、現実の経済も回らないので、どのようにして利子を合法化するかという議論が起こります。そこで注目されるのが、神学者・哲学者のピエール・ド・ジャン・オリヴィ（１２４８～１２９８年）による理論です。
『資本主義の終焉と歴史の危機』などの著書でも知られる経済学者の水野和夫《みずのかずお》さんは、オリヴィについて次のように述べています。
「１９７０年代、オリーヴィの発見で中世経済史の見方が一変しました。（中略）オリーヴィが打ち出した利息を認める理論で画期的だったのは、貨幣は石ではなくて種子だと言ったことです」（「論座」２０１５年11月19日）
　哲学者の山内志朗《やまうちしろう》さんも、「最近の経済学史において、オリヴィへの着目は急速に高まっていて、近代的な経済思想を持っていたと見なされることも多い。（中略）厳格な清貧を説きながらも、利子肯定、商業の振興を図った彼の思想は、哲学史的にも経済学史的にも宗教史の上でも重要である」と記しています（伊藤邦武・山内志朗・中島隆博・納富信留編『世界哲学史5』）。

オリヴィに関する情報は、ネットでもほとんど出てきません。忘れ去られた、もしくは隠されてきた人物です。それも、彼の考えが危険視されたからです。彼は、清貧を追求したフランチェスコ会のなかでも急進的なスピリチュアル派《は》に所属していました。清貧を重んじた人物が、利子を合法化する理論を打ち立てたことには、興味深いものがあります。山内さんによれば、オリヴィは異端視されるほど清貧を追求していましたが、故郷である南フランス・セリオンに退いた時に、交易商人たちから取引にかかわる相談を受け、営利活動を正当化する論理を確立していったというのです。

それでは、オリヴィの言葉を見てみましょう（傍点は引用ママ。以下同じ）。

資本は、それが資本である以上、いいかえれば商業への投資を目的とし利益を生むものである以上、商業投資を目的としていない単なる貨幣としての価値に加えて、ある種の利益を生む性格 quandam lucrativam rationem を有している。それゆえこうした資本としての性格は、単なる貨幣としての価値とは別に、それ自体を売ることが可能なのである。

（大黒俊二『嘘と貪欲』）

貨幣には利益を生む性格がそもそもあるというのです。前掲のように、オリヴィは「貨幣は石ではなくて種子だ」としています。種子からはさまざまなものが育つわけですが、資本はどのような状況下でも保有者に利益をもたらすという考え方を打ち出したのです。

オリヴィの功績の1つは、このように資本という概念をつくり出したことです。それまで、貸し借りをした時は、同額を返済することが基本でした。貸したお金よりも多く要求することは、徴利にあたります。これでは、投資が利益を生んではいけないということになります。それでは経済は回りません。また、現実に商行為を行っている人たちを救えません。商行為や利子が罪深いものではないと証明することで、彼らは善きキリスト教徒のままでいられます。このことが、神学者であるオリヴィの理論構築の目的だったのです。

オリヴィが提唱したものに、「共通善」の考え方があります。たとえば、物が不足している時に以前よりも高く売ることは不正という考えが支配的だったのですが、彼は共通善の考え方にもとづいて、それを可としたのです。共通善とは、社会的に好ましいことを意味します。

> あるものの全般的 communis 不足はその価格の全般的な communem 高騰をもたらす。理由の第一は、所有者はそうしたものを容易に手放そうとはしなくなり、また買手や所有［希望?］者の側からは、それらへの需要が高まるからである。第二に、こうした場合、価格引き上げが許されなければ、まさにそれが原因となって共通善が損《そこ》なわれてしまいかねないからである。というのも［これが許されなければ］、所有者はそうしたものを、それらがなくて困っている人々に対して、簡単には売ってくれないのが普通であり communiter、これでは全般的な communi 窮乏状態を救うことにはならないからである。
>
> （同右）

このオリヴィの考え方は、キリスト教の説教師を通して伝わっていきました。説教師たちはオリヴィの書いたものを読んでいながら、オリヴィの説と明かさずに、民衆に広めていったのです。こうして、共通善に適《かな》っていれば利子を取ってもよい、という考え方が浸透していきました。

利子の問題が経済学を生んだ

オリヴィの死後、彼への熱狂的な崇拝が起こります。フランチェスコが第2のキリストならば、オリヴィは第2のパウロという位置づけがなされたようです。その後、前述のように忘れ去られるのですが、最近の経済学史では、近代的な思想を持っていた人物と見なされ、高く評価されるようになってきました。

中世のヨーロッパでは、スコラ学（スコラ哲学）が支配的でした。スコラ学とは、アリストテレスなどのギリシア哲学を利用して、キリスト教神学の体系化を試《こころ》みた学問で、修道院などで研究されました。スコラとは、ラテン語で「学校」の意味です。

具体的には、神の存在証明や信仰について研究するわけですが、私は『聖書』で説かれたことを現実に適応させるにどうするかという問題を追究した面も重要であると思います。そのことは、トマス・アクィナスの『神学大全』の目次などを見ると強く感じます。

イスラム教では、イスラム教徒が守るべきものとしてイスラム法があります。その法源となるのが、預言者ムハンマド（570頃〜632年）に下された神のメッセージを集めた『コーラン』、ムハンマドの言行「スンナ」などで、スンナを言行録としてまとめたのが「ハディース」です（第4章で詳述）。しかし月日を重ねて、それらが現実と合わなくなると、法学者（ウラマー）がさまざまな議論をして、その解釈を発表するスタイルが取られています。これと似たようなことをスコラ学は行っていたのです。

ですから、利子は合法かという問題もオリヴィを含めたスコラ学によって論じられました。中世において、人々の経済活動を規定したのは神学者です。ということは、神学者が経済学を担《にな》ったとも言えますし、そもそも経済学は神学より発していると見ることもできます。大げさに言えば、神学者が利子の問題を考えたことで、経済学が誕生したとも言えるのです。それほど、ヨーロッパのキリスト教社会では、利子の問題は大きかったのです。

キリスト教と同様に、性については禁欲的なのが仏教です。その仏教において、金や商売、利子の問題はどのように考えられてきたのでしょうか。キリスト教も仏教も、私たち日本人には身近な宗教ですが、金ということになるとその考え方には相当の違いがあるのです。

第2章

世俗を否定しながら、金にまみれた日本仏教

インドの宗教の特徴

まず、仏教の成り立ちから説明していきましょう。と言っても、必ずしも確かなことはわかりません。仏教はインド発祥ですが、その起源を明らかにしてくれる史料がないからです。

中国には司馬遷《しばせん》（紀元前145頃～前86年頃）、古代ギリシアにはヘロドトス（紀元前484頃～前425年頃）、ローマ帝国にはタキトゥス（55頃～120年頃）といった歴史家が現れましたが、インドには彼らのような歴史家がいません。大きな戦乱によって史料が焼失した、あるいは頻繁に王朝が替わったために紛失したというわけでもありません。そもそも、インドの人々は歴史に関心がないのです。

この歴史書がないことと、インドの宗教との間には密接な関係があります。歴史は時間を直線的に進むことで成立します。いっぽう、インド思想が共通して説く輪廻転生《りんねてんせい》においては、生死は無限に繰り返され、時間は循環していきます。時間が循環しているのであれば、直線的な歴史を追うことに意味はありません。このような思想が、インド人をして歴史に向かわせなかった理由なのです。

輪廻転生では、あらゆる存在は死ぬと別の存在に生まれ変わるとされます。人間に生まれ変わることもあれば、動物や虫に生まれ変わることもあります。それが繰り返されるのです。私が調べた限りでは、生物でもっとも個体数が多いのは線虫《せんちゅう》、アミエビ、アリと続くようです。ということは、生まれ変わる確率はそれらの生物になる可能性が高くなります。

また仏教の教えには、蚊が自分の体を刺しても殺してはいけないというものがあります。なぜなら、その蚊が自分の祖父母の生まれ変わりの可能性があるからです。だから殺《せっ》生《しょう》はいけないというのが基本的な戒律です。

仏教の開祖は、釈迦（ガウタマ・シッダールタ、仏陀《ブッダ》、釈尊《しゃくそん》。紀元前５６３頃～前４８３年頃、紀元前４６５～前３８６年など諸説あり）です。釈迦はシャカ族の王子として豊かな暮らしをし、結婚もして子どもが1人いたと言われます。私は拙著『ブッダは実在しない』で述べたように、釈迦を伝説の人物として捉えていますが、ここでは伝説に従って話を進めます。

何不自由なく暮らしていた釈迦はある時、城から外へ出て、病人や老人、死人を目《ま》の当たりにしたことで、人生には「生老病死《しょうろうびょうし》」という4つの苦《く》があると気づきます。老いる、病《やまい》を得る、亡くなるだけでなく、生まれることも苦であると捉えるのが仏教の特徴であり、インドの宗教の特徴でもあります。いっぽう、北の門から出た時に苦行者のすがすがしい姿に接します。

釈迦は、生老病死にまつわる苦をいかに解決していけばよいかで悩み、考えました。人生は苦に満ちており、現世の生活はそれほど重要なものではない。むしろ苦を生む原因になっているのが人生である――。このことを自覚するようになり、苦行者となるべく出家を決意します。29歳の時です。家族が引き留めることが予想されたので深夜、こっそりと馬に乗って従者を1人だけ連れて、城をあとにしました。妻子を捨て、亡くなるまで家庭に戻ることはなかったので、今風に言えば究極のネグレクトということにもなります。

出家後は、複数の師匠に就《つ》いてさまざまなことを学ぶのですが、苦から解脱《げだつ》する方法をなかなか見出すことができません。また、断食《だんじき》などの苦行を行っても埒《らち》が明きませんでした。そこで山を下り、菩提樹《ぼだいじゅ》の下で悟《さと》りを開いたとされています。その後、インド全国を旅して回り、悟りの内容を伝えたと言われています。

仏教において僧侶が出家して独身を守るという伝統は、この釈迦の人生と結びついたものです。日本の僧侶も、独身を守ることが江戸時代までは戒律として定められていました。女性や同性との関係を持つ僧侶もいましたが、大原則としては世俗の社会を捨てることが、日本の仏教にも受け継がれました。

インドには仏教に限らず、出家する伝統があり、現代でもヒンドゥー教《きょう》の行者などは「サドゥー」と呼ばれ、インド社会に数百万人もいます。その人たちはサドゥーとなった時点で、法的には死者としての扱いになります。

仏舎利と寺院建立

重要なのは、釈迦が火葬されて骨が遺《のこ》ったことです。この骨は「仏舎利《ぶつしやり》」と呼ばれ、それを祀る塔がインド国内に８基（８カ所）に建てられたことで、仏教が広がるきっかけになりました。

釈迦が亡くなって数百年後に誕生したマウリヤ朝の第３代アショーカ王（在位・紀元前２６８頃～前２３２頃年）は、７基の仏舎利を掘り出すと８万４０００個に分割して、インド全土に仏塔を建てていきました。そこで修行をする人が現れて、寺院の原型である「サンガ」が形成されます。サンガとは、サンスクリット語（梵語《ぼんご》。古代インドの共通語で、現在もインドの公用語の1つ）で「集団」「群」「組合」などを意味する言葉です。こうして、仏教はインド国内に広く浸透していきました。

聖人の骨というのはなかなか威力のあるもので、中世のヨーロッパでも聖遺物《せいいぶつ》（イエス・キリスト、マリア、聖人の遺品または遺骨）への崇敬がありました。カトリック教会には、原則として聖人の骨が安置されています。仏教で仏舎利が基盤になって寺院の原型がつくられたことと似ています。

日本でも各地に四重塔、五重塔が建てられていますが、本来の目的は仏舎利を祀ることです。薬師寺《やくしじ》（奈良県奈良市）の東塔《とうとう》は、天武《てんむ》天皇9（680）年の創建当時から唯一現存する平城京《へいじょうきょう》最古の建築物であり、五重塔としてはもっとも古いものです。2020年、12年間にわたる全面改修を終えましたが、改修中の2012年に心柱《しんばしら》の先端に埋め込まれた木箱から江戸時代の舎利容器が見つかり、そのなかには仏舎利が納められていました。真偽のほどはわかりませんが、仏塔本来の形が保たれているわけです。

仏教徒と非仏教徒が共存する寺院

５世紀、仏教学院・大学であるナーランダー僧院がインド東部につくられます。同院は教学の中心として、イスラム勢力に破壊されるまで約７５０年間存続しました。有名なところでは、中国から来た玄奘《げんじょう》（三蔵法師《さんぞうほうし》。６０２～６６４年）が６５７冊の経典を、義浄《ぎじょう》（６３５～７１３年）は４００冊の経典をそこから持ち帰ったとされています。

キリスト教の場合には、聖職者が福音を宣《の》べ伝えることが重要ですが、仏教では宣教や布教はさほど重視されません。それよりも、求法《ぐほう》（仏の教えや悟りの道を求めること）が重視されます。ですから、インドの僧侶が中国に来て教えを広めるのではなくて、仏教を受け入れる中国側がインドに行って学び、経典を持ち帰ったわけです。こうして、膨大な数の経典が中国にもたらされ、鳩摩羅什《くまらじゅう》（３４４～４１３年）や玄奘が経典を翻訳することによって、中国に仏教が広まっていきました。

ナーランダー僧院は仏教徒・非仏教徒の両方を含む、多くのインド人の後援者に支えられていました。非仏教徒とは主にバラモン教《きょう》（のちのヒンドゥー教）の信者ですが、彼らは共に生活をしていました。キリスト教の場合、修道院にはキリスト教徒以外の人間は生活しません。いっぽう、インドの宗教は多神教の世界でもあり、さまざまな教えを信奉する人たちが共存するのが基本的な形です。

ナーランダー僧院以外でも、アジャンター石窟《せっくつ》群やエローラ石窟群にある寺院などが修行の場になり、これによって仏教教団の基礎がつくられていきました。

2つの仏教

仏教の成り立ちはよくわからないと述べましたが、原始仏教の経典も、のちの大乗仏《だいじょうぶっ》教《きょう》の経典もいつ完成したのかは、はっきりしません。試しに、ウィキペディアを見ても、正確な年代は書かれていません。大乗仏教に関しても、どこでどのように誕生したかがわかっていません。後世の仏教のあり方から昔はこうだったのではないか、と推測するしかないのです。

それらを踏まえたうえで、上座部仏教《じょうざぶぶっきょう》と大乗仏教について説明します。釈迦入滅《にゅうめつ》の約100年後、仏教は上座部仏教と大乗仏教の2つに分裂しました。これを「根本分裂《こんぽんぶんれつ》」

と言います。上座部仏教は、出家して自ら修行することによってのみ悟りに達するとして、戒律の厳守を主張しました。それでは少数の人しか救えないとして、広く大衆の救済を重視したのが大乗仏教です。

大乗仏教は、上座部仏教のことを少数の人間しか乗れない、小さな乗り物だとして「小乗仏教《しょうじょうぶつきょう》」と呼びました。これはあくまで大乗仏教側からの見方であり、大乗から見て劣っているという意味合いを含む蔑称です。ですから、小乗仏教ではなく、上座部仏教、南伝仏教《なんでんぶっきょう》（タイやスリランカなど南方に伝わったためこう呼ばれる）、テーラワーダ仏教などと呼ぶことが最近は一般的です。

重要なことは、日本の仏教の主な宗派は大乗仏教であるということです。中国に伝わったのが大乗仏教であり、これが朝鮮半島や日本に伝わったからです。いっぽう、発祥の地であるインドやタイ、スリランカなど東南アジアでは上座部仏教が多数派です。

上座部仏教のほうが初期の仏教の姿を残していると言われています。上座部仏教の経典はサンスクリット語ではなく、古代インドの言語・パーリ語で書かれていて、内容も大乗仏教の経典よりもシンプルです。そのかわり、大乗仏教の経典にあるダイナミックな思想的な展開はありません。

現在のタイの仏教については次項で述べますが、出家した僧侶と俗人をはっきりと区別するなど、上座部仏教の特徴がよく示されています。

仏教を飛躍させた檀家制度

仏教と金の関係を知るために押さえておかなくてはいけないのは、「檀家《だんか》」というシステムです。檀家とは、特定の寺院に葬儀を依頼し、布施などで援助する家のことです。布施をする人が「檀那《だんな》（旦那）」であり、これは「与える」「贈る」を意味するサンスクリット語の「ダーナ」から来ています。

出家した僧侶は、僧院で生活します。具体的には修行をしながら、仏教の教えについて深く研究し、学んでいきます。それに専念することは、経済活動をしないということです。仏教とキリスト教は、聖職者になると世俗の世界から離れ、独身を求められることが共通していますが、戒律に関しては、仏教のほうが厳しい面があります。このような僧侶の生活を成り立たせる仕組みが必要になりますが、それを担うのが在家の信者であり、檀那なのです。檀那の登場は、仏教に大きな役割を果たしました。お寺をつくる時には、檀家という存在が不可欠なのです。

タイの僧侶は現在でも、早朝に僧院を出ると托鉢をして歩きます。すると在家の信者たちが待ち受けていて、食べ物を中心に施しものをします。儀式の時も寄進するなど、在家の信者がスポンサーの役割を果たします。

この時に重要なのは「善徳《ぜんとく》」という考え方です。善徳はタイ語で「ブン」と言い、善徳のある行いをすることは「タンブン」と言います。在家の信者が出家した僧侶たちを支えることでブンを増やせるとされます。いっぽう、ブンの反対概念が「バープ」であり、意味は「悪行」です。具体的には生物を殺傷したり、盗みを働いたりすることです。タンブンを多く行った者は多くのブンを持ち、バープを行えばブンが減殺されます。多くのブンを持つ者は来世で幸福な生活を送ることができるとされていますから、信者たちは喜んで布施を行うわけです。僧侶たちはこの托鉢で得た食べ物を午前中に２回に分けて食べ、そのあとは食事を摂《と》りません。

僧侶は経済活動を行わず、経典を学ぶことや修行に専念する。在家の信者はこれを布施で支える。これが基本的な仏教の姿です。

タイには「一時出家」という制度もあります。社会生活を送っている一般の人が一定の期間、僧院で生活することがあるのです。会社で上司が部下を呼んで、「仕事が行き詰まっているようだから」「これからの飛躍のために」などと理由を述べて、一時出家を勧めることがあります。私が見た映像では、女性の上司が部下を呼んで「君、出家しなさい」と言っていました。

類似したものは、天理教《てんりきょう》にもあります。それが「修養科」という制度で、本部（奈良県天理市）に3カ月間住み込み、教えを学んだり、神殿の廊下などを磨《みが》くなどの活動をしたりするのです。一般企業ではなかなか3カ月間の休暇を取ることは難しく、信者のなかには一大決心をして修養科に入る人もいます。

余談ですが、私の後輩で大学院に進み、宗教学を学んでいた者がいました。彼は天理教の教会長の息子でしたが、修士課程の1年次の夏休みに修養科に入ったのです。それまでは、どちらかと言うとちゃらんぽらんな感じだったのですが、戻ってくると引き締まった顔つきに変わっていました。そして「私は布教師として一生を捧げるので、大学院を辞めます」と言うと、実際に去っていきました。彼のなかで何が起きたのか、私にはわかりません。なお、天理教は戦前には最大の新宗教で、莫大な金を集め、巨大建造物を次々につくりました（第８章で詳述）。

キリスト教とイスラム教の喜捨

日本の仏教も托鉢の制度を取り入れていますが、タイのように、社会に広く浸透しているとは言えません。少なくとも、身近には感じられません。

宗教や貧しい人に財物を施すことを「喜捨《きしゃ》」と言います。元は仏教用語で、同様な意味を持つ言葉に「寄進」「寄付」「献金」があります。「喜んで捨てる」とあるように、自発的な行為であり、他の宗教でも重視されています。

よく知られているのが、キリスト教の「チャリティ（慈善活動）」です。その語源は「親切」を意味する古代ギリシア語の「カリス」、あるいはラテン語の「カリタス」です。チャリティは教会の重要な活動になっていますし、一般の人もキリスト教のなかで説かれる同胞愛にもとづいて、さまざまな方法で困っている人に手を差し伸べます。日本の僧侶のなかには、「お布施はチャリティと同じことですよ」と説明をする人もいますが、私は違うと思います（後述）。

イスラム教にも、喜捨は存在します。イスラム教ではイスラム教徒が信仰し、行うべき基本として「六信五行《ろくしんごぎょう》」が定められています。六信は「アッラー」「天使」「啓典」「預言者たち」「来世」「神の予定（定命《ていめい》）」、五行は「信仰告白」「礼拝」「喜捨」「断食」「メッカ巡礼」です。五行のなかに喜捨が入っています。

喜捨は「ザカート」と「サダカ」に分かれます。ザカートは、イスラム教徒の義務として財産に課せられる一種の税です。具体的には穀物、果実、ラクダ、羊、金銀、商品などを所有するイスラム教徒に課せられ、その税率は収入の2・5〜10％です。ムハンマドの時代には、漠然と「喜捨」「慈善」を意味していましたが、彼の死後に税として法制化され、イスラム帝国の主要な財源になりました。イスラム教は、暮らし全般にかかわるものですから、そのなかには当然、税にあたるものも含まれます。

サダカの対象は「まず貧者に困窮者、それを徴集して廻る人、心を協調させた人、奴隷の身受け、負債で困っている人、それにアッラーの道（回教の伝播活動）、旅人、これだけに限る」（井筒俊彦訳『コーラン』9章60節。以下、『コーラン』の引用は同書より。カッコ内の注釈は一部割愛した）とされます。わかりやすく言えば、ザカートが制度的な喜捨なら、サダカは自由喜捨です。

先の五行に戻れば、断食を行う際には、貧しい人たちの境遇を思いやって食《しょく》を絶《た》ちます。それは「ラマダン」と呼ばれ、毎年約1カ月間続きますが、断食明けには比較的豪華なものを食べます。そこには貧しい人たちを含めて誰が参加してもよい、とされています。現在の子ども食堂のような感じです。喜捨の対象はあくまで貧しい人たちです。

キリスト教のチャリティの場合も、その対象は貧しい人たちでした。では、仏教はどうでしょうか。

他の宗教との決定的な違い

さきほど、仏教の布施とキリスト教のチャリティは違うと述べましたが、なぜ違うかを説明しましょう。

仏教の布施は3つに分かれていて（三施《さんせ》）、財物を施す「財施《ざいせ》」、仏法を説く「法施《ほうせ》」、恐怖を取り除く「無畏施《むいせ》」があります。法施と無畏施は、主に僧侶から信者に向かってなされますが、財施の対象は主に「三宝《さんぼう》」と言われる仏法僧《ぶっぽうそう》です。仏は釈迦、法は仏の教え（経典）、僧は僧侶を指します。これが仏教を構成するもっとも重要なものとされます。

仏法僧のなかで、もっとも布施の貢献を受けるのは僧侶です。なぜなら、釈迦はすでに亡くなっていますし、経典を購入する人や機会は少ないでしょう。それに対し、僧侶は説法や儀式を通して身近に存在します。

出家した僧侶は尊《とうと》いものであり、タイの例でもわかるように、僧侶にお布施を渡すことは、徳を積むことに結びつきます。中国では、儒教の影響もあって、法事を行うことは追善《ついぜん》とされ、それは布施によって賄われます。

喜捨は多くの宗教で存在します。前述のように、キリスト教やイスラム教では喜捨の対象が貧しい人であるのに対して、僧侶が対象になっているのが仏教の特徴です。これが、仏教の布施とキリストのチャリティとの大きな違いです。

仏教の布施は主に寺院の維持・管理のために使われます。仏教では、僧侶は経済活動を行いませんから、布施など檀家からの拠出がないと、寺を維持できないのです。いっぽう、キリスト教の修道院の場合は、教えを学び祈るだけでなく、労働もあり、経済活動を行うことが前提になっています。

経済活動を行わない仏教は、布施などで金を集めないと宗教活動ができないということになります。インドで広まった頃、積極的に金を集める活動をしていたかはわかりませんが、中国に伝えられたあと、収入の確保を熱心に行うようになりました。

磯部《いそべ》ひろみさんの論文「隋唐《ずいとう》代における仏教の中国化の諸相」によれば、隋唐時代における寺院の収入確保は主に2つありました。1つが、托鉢・布施です。一般の人たちからも集めますが、富裕者の拠出が大きくなるので、スポンサーの意向に左右されたり、彼らを優遇したりすることに結びつきます。僧侶のなかには、檀家を接待する専門の人間も現れたと言います。

もう1つが、寄進、あるいは自ら開墾した土地で得られた作物を販売することによって、収入を得ることです。この2つの手段で寺院は豊かになり、寺の財産の管理をする人間が金を盗むようなことも起こります。僧侶には子どもはいませんから、相続は発生しません。寺院が一種の法人となっていたと考えることができます。

寺院の金融活動

こうして、寺院が経済的に豊かになっていくわけですが、仏教はキリスト教などとは異なり、利子の禁止を説くことはありませんでした。そのような考え方はまったくなかったのです。ということは、金銭的な余裕ができると、金融事業が可能となったということです。実際、日本の寺院は、金融において重要な役割を果たしていくことになります。

寺社《じしゃ》（寺院と神社）の金融活動の起源は、農業の神事《しんじ》「初穂《はつほ》」に始まるとされます（本郷恵子『買い物の日本史』）。初穂とは、最初に収穫した穀物を穂のまま、神に供えることです。

律令政府は、農民に農業を奨励する勧農《かんのう》政策を実施しました。そして、収穫を得るために農地の整備、用水の確保、耕作方法の指導などを行いました。年貢《ねんぐ》から次年度の種籾《たねもみ》を農民に提供することも、その一環です。ここから、春に稲を貸し付け、秋の収穫で利息をつけて回収する「出挙《すいこ》」に発展していきました。国や領主が行うものが「公出挙《くすいこ》」、民間が行うのは「私出挙《しすいこ》」です。

利息は、公出挙が10把《わ》の稲を借りて5把を返す「五把利《ごわり》」が標準でした。利率5割です。私出挙は10割程度だったようですが、さらなる高率もあったようです。鎌倉幕府は、高すぎる利子について法令で禁じたりしていますが、「利一倍（10割）」を超えないこととしているように、高利を取る者がいたことが推測されます。

ところで、歌舞伎《かぶき》の『三人吉三巴白浪《さんにんきちさともえのしらなみ》』という演目をご存じでしょうか。河竹黙阿弥《かわたけもくあみ》の作品ですが、なかなかの名調子で観《み》る者をしびれさせます。3人の吉三という盗人を中心にストーリーが展開していきますが、そのうちの1人が和尚《おしょう》吉三という元僧侶です。彼が自分のことを紹介する台詞《せりふ》に、「賽銭箱《さいせんばこ》からだんだんと祠堂金《しどうきん》まで手が届き」とあります。寺の金に手をつけたことで、寺を追い出されたというわけです。

「祠堂」とは死者の霊を祀るところを意味し、寺院で檀家の位牌を納めるお堂のことです。「位牌堂《いはいどう》」とも言います。位牌堂はあまり知られていません。かつての寺の役割は墓をつくるよりも、位牌の安置をすることがメインでした。位牌を寺に預けているから檀家になる、というシステムです。ちなみに、青森県青森市で現存する位牌堂を見学したことがあります。

供養や位牌堂修理のために寄進されたお金が「祠堂銭《しどうせん》（金）」です。祠堂銭は、貸付金として使われました。さまざまな人に貸し付けて、利子を得たわけです。これを最初に行ったのが臨済宗《りんざいしゅう》、曹洞宗《そうとうしゅう》といった禅宗《ぜんしゅう》です。その対象は当初、寺院周辺のお金に困った人たちでしたが、のちには公家や武家など、あらゆる階層に広がり、土倉《どそう》など金融業者に融資するまでになりました（中島圭一「中世京都における祠堂銭金融の展開」）。利率は一般に二文子《にもんし》（月利2％）と、当時の標準（5～6％）よりは低く抑えられていました。

祠堂銭は、債券や債務の破棄を命じた徳政令《とくせいれい》からも除外されるなど、室町幕府による特別扱いもあり、寺院経済や金融界において重要な地位を占めるようになっていきました。やがて禅宗以外の他の宗派にも広がり、徳政免除の特権欲しさに祠銭堂を名乗る高利貸しも登場するようになりました。

貿易で稼ぐ禅宗

仏教と金のかかわりを考えるうえで、禅宗をはずすことはできません。禅宗は座禅によって悟りを開く、つまり自ら修行して成仏《じょうぶつ》（仏になること）に至ろうとした宗派で、6世紀頃に中国で始まりました。日本には鎌倉時代、栄西《えいさい》（1141～1215年）によって臨済宗が、道元《どうげん》（１２００〜１２５３年）によって曹洞宗が伝えられました。

　このことからもわかるように、当時の日本は中国と密接な関係があり、禅を学んだり、修行したりするために中国に渡る禅僧が少なくありませんでした。逆に、中国の禅僧が日本に来て指導したり、禅寺を開いたりすることもありました。ですから、禅寺では中国語が当たり前のように使われていました。禅の世界では、中国語が言わば公用語だったのです。永平寺《えいへいじ》（福井県吉田《よしだ》郡永平寺町）など有名な禅寺が日本海側に多いのも、地理的に大陸との交流に便利だったからです。

　日本では飛鳥時代から、遣隋使《けんずいし》、遣唐使《けんとうし》によって中国と交流してきました。時代は下り、室町幕府の第３代将軍・足利義満《あしかがよしみつ》（１３５８〜１４０８年）は、外交交渉や通訳に、禅僧を登用します。遣唐使が廃止されたあと、日中間の交渉は入唐《にっとう》した僧侶、特に禅僧を中心に行われることが多かったからです。また、禅僧は、中国で士大夫《したいふ》（知識階級であり指導者層）として扱われたことも、その理由の１つです。

　さらに義満は、明《みん》と勘合《かんごう》（明が公認したことを証明する割符《わりふ》）を用いた貿易（勘合貿易）を始めますが、その際の交渉や通訳に活躍したのが禅僧です。本郷恵子《ほんごうけいこ》さんは次のように述べています。

禅宗寺院は、教学に精励する西班衆《せいはんしゅう》とともに寺院経営を担当する東班衆《とうはんしゅう》という組織を持ち、寺領経営・金融活動を活発に行っていた。（中略）禅宗寺院は対外貿易や外交においても重要であった。対外貿易の交易品は、高価で希少な奢侈品《しゃしひん》だけでなく、明《みん》から輸入される銭が必須であり、対外貿易を握ることは、日本国内の通貨供給を握ることと同義だった。（中略）五山禅林《ござんぜんりん》は室町幕府にとっての中央銀行の地位を獲得したと考えることができるのではないだろうか。

（本郷恵子『室町将軍の権力』）

五山禅林とは、南禅寺《なんぜんじ》（京都府京都市）や天龍寺《てんりゅうじ》（同）など、幕府の保護・統制下に置かれた禅宗寺院のことです。宗教活動と共に貿易活動を行った例としては、キリスト教のイエズス会《かい》も同様ですが、それについては第5章で触れます。

葬式は画期的な発明だった

日本の仏教が経済力をつける決定的なきっかけとなったのは、曹洞宗による葬式の〝発明〟です。それまで、仏教の僧侶が葬儀を営むことはありませんでした。曹洞宗が葬式を始めたことで、他の宗派も倣《なら》うようになったのです。

仏教学者の石田瑞麿《いしだみずまろ》さんは、曹洞宗が南北朝時代に異常な発展を遂げたこと、それにともない密教《みっきょう》の要素を取り入れて祈禱《きとう》を行うなど変容していったことを指摘しています（石田瑞麿『日本仏教史』）。石田さんの実家は浄土真宗《じょうどしんしゅう》の寺院なので、曹洞宗に批判的な部分もあるかもしれませんが、地方豪族の庇護のもと、曹洞宗が各地で勢力を広げていったことは事実です。

禅寺にはさまざまな修行僧がおり、彼らを食べさせなければなりません。寺院を維持するため、曹洞宗はさまざまなことを取り入れていくわけですが、その１つが葬式です。

曹洞宗が葬儀の方法を整《ととの》えるにあたって参考にしたのが、12世紀に成立した『禅苑清規《ぜんねんしんぎ》』です。これは、禅宗の僧侶が守るべき規範・規則を定めた現存最古の書籍です。ここに僧侶が亡くなった際の葬式のやり方が書かれているのですが、その方法は住職と雲水《うんすい》

（修行中の僧）に分かれています。簡単に言えば、住職の場合は悟りを開いているためにそのまま埋葬すればよいのですが、雲水は悟りを開いていないため、まずは一人前の僧侶にするための儀式が必要になります。これが、在家信者向けの葬式に転用されました。

具体的には、亡くなった在家信者を剃髪《ていはつ》し、戒律を授け、そのうえで「戒名」を与えます。戒名は本来、仏門に入った者に与えられるものですが、出家したことにするために死者にも与えられるようになったわけです。また、「血脈伝授《けちみやくでんじゅ》」という儀式も行われました。血脈とは師から弟子へと代々、仏法を正しく伝えることであり、それを記した紙、たとえば釈迦から始まって道元、その弟子などから故人にまで信仰が伝わっていると書いた紙を棺《ひつぎ》に入れるのです。

曹洞宗がつくり出した葬儀の方法は、まず同じ禅宗の臨済宗に伝わります。その後、天台宗《てんだいしゅう》、真言宗《しんごんしゅう》にも伝わり、浄土宗《じょうどしゅう》にまで広がります。浄土真宗と日蓮宗には伝わっていません。この2つの宗派では、戒律を授かるという考え方がなく、受け入れられなかったのです。そのため、浄土真宗では、戒名ではなく「法名《ほうみょう》」と言います。その頭には「釋《しやく》（釈）」をつけますが、これは釈迦の弟子を意味します。日蓮宗は「法号《ほうごう》」と言います。男性は「日」、女性は「妙」の文字を使われることが一般的です。両者とも死者を出家させることにはしないので、戒名とは言わないわけです。

こうして、日本の仏教は経済的な基盤を確立しました。そして江戸時代、民衆を檀家として寺院に所属させる寺請《てらうけ》制度が始まると、仏教式で葬儀を行うことが広がっていきました。

金や商売について、意外にも仏教は禁欲的ではありませんでした。そのことは、現代の「葬式仏教」にも影響を与えています。その点では、仏教の金銭についての捉え方は、キリスト教よりユダヤ教に近いのかもしれません。宗教と金ということでは、ユダヤ教はきわめて重要な存在です。そこには、キリスト教の世界が、いかにユダヤ人を利用してきたかという歴史も深くかかわっているのです。次章で、それを見ていきます。

第3章

なぜユダヤ人は金の亡者とされたのか

隠れユダヤ人

世界の宗教のなかで、日本人が理解しづらいのは正教会とユダヤ教でしょう。どちらも身の周りに信者がいない、もしくはきわめて少ないからです。2022年現在、日本人の信者は正教会が1万人弱、ユダヤ教徒はほとんどいません。ところが、金との関係が特徴的な現れ方をしているのがユダヤ教であり、これを見ることで、宗教と金についての考察が深まります。本章ではユダヤ教、およびユダヤ人について見ていきます。

ユダヤ人を扱った作品として有名なのが、イギリスの劇作家ウィリアム・シェークスピア（1564〜1616年）の『ヴェニスの商人』です。これは中世イタリアのヴェネツィア共和国と架空の都市ベルモントを舞台とした戯曲で、ストーリーは以下のようなものです。

貿易商人アントーニオは友人の結婚資金を得るため、ユダヤ人の高利貸しシャイロックに金を借りに行き、指定期日までに返済できなければ彼の肉1ポンドを与えるという条件で契約します。結局、アントーニオは期日までに返済できないのですが、裁判長（友人の結婚相手の変装）が「肉は切り取ってもよいが、契約書にない血を1滴でも流せば、契約違反として全財産を没収する」と評決します。それでも、アントーニオの慈悲により、シャイロックは全財産没収を免《まぬか》れ、死刑を免除する代わりにキリスト教に改宗させられました。

ここで重要なのは、シャイロックが改宗させられたことです。改宗してキリスト教徒になると、前述のように、同胞であるキリスト教徒から利子を取ることができなくなります。つまり、高利貸しを廃業、あるいは転業しなければならないのです。ただ、シェークスピアはこの戯曲がユダヤ人に対する反感に結びつき、のちに差別を助長するようになるとは考えてはいなかったと思われます。

というのも、シェークスピアが『ヴェニスの商人』を書いた頃、イギリスにはユダヤ人は公式には存在しないことになっていたからです。1290年にユダヤ人はイギリスから追放されました。その後1656年、国王を処刑して共和政を開いたクロムウェル（1599～1658年）が、ユダヤ人を呼び戻しています。ユダヤ人史が専門の佐藤唯行《さとうただゆき》さんによれば、その間、ユダヤ人は「隠れユダヤ人」という形でイギリスにいたとのことです（佐藤唯行『英国ユダヤ人』）。ユダヤ人のなかには優れた医者もおり、王族などが病気にかかった時に、特別に許可をして入国させたりしたのです。

ユダヤ人の定義

1948年に建国されたイスラエルでは、ユダヤ人の定義を母親がユダヤ人であること、もしくはユダヤ教に改宗した者としています。ということは、ユダヤ教に改宗すれば誰でもユダヤ人になることができるわけです。

ユダヤ人は現在、世界中のさまざまな地域で暮らしています（95ページの図）。その人数を見ると、第1位はイスラエル、次いでアメリカです。それから、フランス、カナダと続きます。なお、イスラエルはユダヤ人のみで構成されているわけではありません。総人口の約24％（約170万人）は非ユダヤ人で、彼らは「アラブ系市民」と呼ばれ、さまざまなグループで構成されています。

ユダヤ人が世界中に広がった過程を知るために、ユダヤ人の歴史を簡単にまとめてみましょう。紀元前11世紀、現在のイスラエルの地に建国されたのがイスラエル王国です。その後、同国は分裂し、エルサレムを首都とするユダ王国が成立します。紀元前922年頃

ユダヤ人の分布

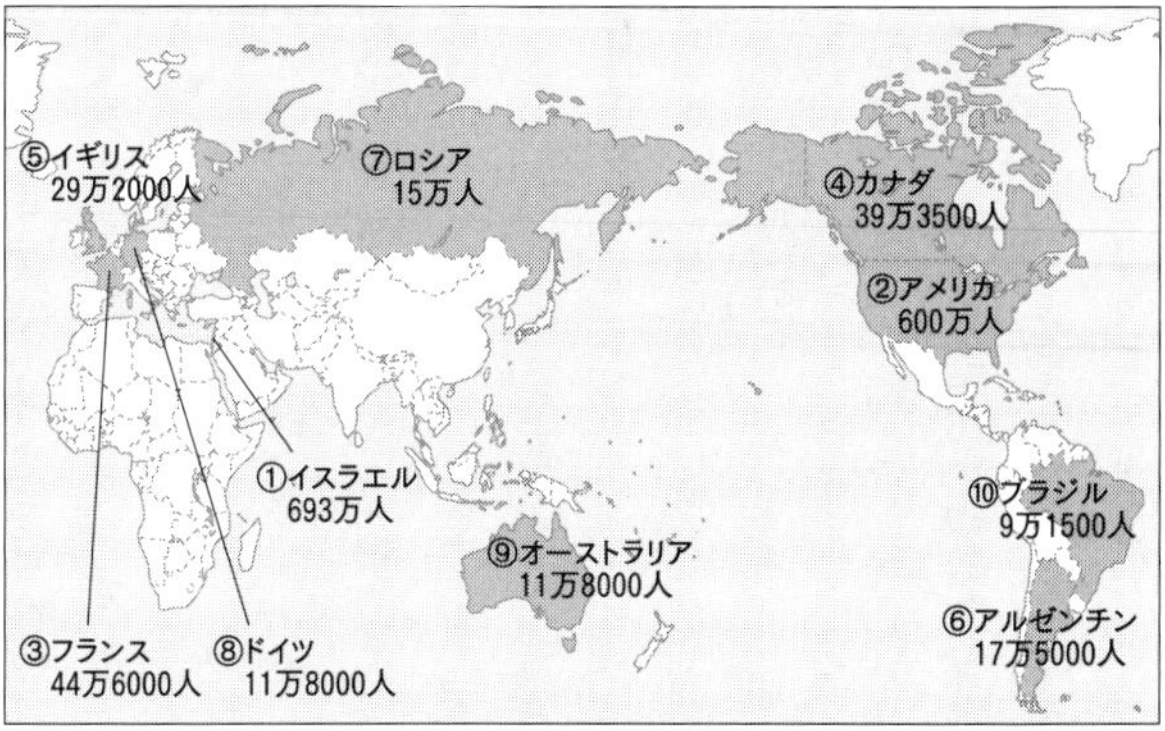

ユダヤ人の人口が多い上位10カ国（2021年）

（『American Jewish Year Book 2021』より）

のことです。ユダ王国は紀元前５８６年、新バビロニアによって滅ぼされるのですが、二度にわたって住民であるユダヤ人が連行されます。いわゆる「バビロン捕《ほ》囚《しゅう》」です。新バビロニアは紀元前５３９年にアケメネス朝に滅ぼされ、ユダヤ人は解放されます。ユダヤ人は帰国すると、ヤハウェを唯一神とする宗教を成立させました。これがユダヤ教の成立です。

その後も、ユダヤ人およびエルサレムはローマ帝国その他によって侵略され、ユダヤ人は各地に移住していきます。この状態を「ディアスポラ」と言います。ギリシア語で「分散」を意味します。

こうして、ユダヤ人は各地に散らばり、その先で、イギリスのようにまた追放されるということが繰り返されていきました。最終的には、ナチスによるホロコースト（大量虐殺）に至ります。1985年、フランスで映画『ショア』が公開されました。この映画は主にドイツが侵攻したポーランドにおけるナチスのホロコーストの証言を集めたもので、上映時間は9時間27分にもなります。ショアはヘブライ語で「滅亡」「壊滅」を意味する言葉で、ナチスの大量虐殺は「ショア」と呼ばれます。

差別の源流

第二次世界大戦後、ユダヤ人の追放はなくなりましたが、偏見がなくなったとは言い難いものがあります。

1969年5月、フランスのオルレアンで1つの噂が広がります。ユダヤ人が経営している洋服店の試着室から複数の女性が消え、行方不明になったというのです。これは「オルレアンの噂」と言われるものです（エドガール・モラン著、杉山光信訳『オルレアンのうわさ』）。なぜこのような噂が広まったのかは今もってわかっていません。ただ、その底流にユダヤ人差別があることは間違いないでしょう。

ヨーロッパでのユダヤ人差別の根底には、キリスト教と異なるユダヤ教の教えや慣習があると思われます。ユダヤ教では第1章で述べたように、『トーラー』という聖典を重視しています。そして、『トーラー』の戒律をどれだけ守っているかによって、さまざまな流派が生まれました。

もっとも厳格に守っているのは超正統派《ちょうせいとうは》です。この派は東ヨーロッパから移ってきた人たちで、イスラエルにはかなりたくさんいますし、アメリカにもいます。彼らは普段、黒い帽子をかぶっています。元の土地でしていた服装を移住先でもしているわけです。男性は基本的に仕事をせず、ユダヤ教の勉強をしています。その代わり、妻が働きます。イスラエルでは、超正統派に補助金が出ますが、それほどたくさん出るわけではないので、基本的には貧しい生活を送っています。

キリスト教は元を辿れば、ユダヤ教に行き着きます。つまり、キリスト教はユダヤ教から生まれたわけです。イエス・キリストもユダヤ人であり、キリスト教をローマ帝国に伝えたパウロもユダヤ人です。おそらく初期の段階では、ローマ帝国において、ユダヤ教とキリスト教の区別は明確になされていなかったのではないでしょうか。

初期のキリスト教は、ローマ帝国によって弾圧を受けたとされます。その理由は、キリスト教徒が皇帝崇拝を拒否したからとされていますが、実ははっきりしません。その後、キリスト教は313年、コンスタンティヌス帝によるミラノ勅令により公認されたと言われます。しかし、勅令の文言には「すなわち、キリスト者に対しても万人に対しても、各人が欲した宗教に従う自由な権限を与える」とあるように、キリスト教を公認したというより、すべての宗教の信仰の自由を認めたというのが正しいでしょう。

392年、テオドシウス帝（347～395年）はキリスト教を国教とし、異教信仰を禁じます。これはローマ帝国の統治のためにキリスト教を利用したわけで、逆にユダヤ人の地位を不安定化させる大きな要因ともなりました。

割礼と安息日

ユダヤ教の慣習に割礼《かつれい》があります。具体的には、生後8日目の男児の生殖器の尖端を切断することです。イスラム教にも同様の慣習がありますが、ユダヤ教ほど厳格ではありません。なぜユダヤ人が割礼にこだわるかというと、生後８日目の男子が割礼を行うことを、全ユダヤ人の始祖とされるアブラハムが神と契約したからです。割礼を行うことは、神に選ばれた者である証《あかし》になるのです。

ローマ帝国ではこの割礼が忌《い》み嫌われ、それがユダヤ人嫌悪に結びついた面もあるようです（大澤武男『ユダヤ人とローマ帝国』）。実際、ローマ帝国ではハドリアヌス帝（７６〜１３８年）の治世下である１２７年、割礼の禁止令が出されます。衣服を身に着けていれば、割礼したかどうかはわからないはずですが、今でもイスラエルの若い女性のなかには、割礼していない男性とは性交渉を拒否する人もいるようです。

ユダヤ教とキリスト教の違いには、安息日《あんそくび》もあります（「あんそくにち」「あんそくじつ」と呼ぶ場合もある）。安息日と定められた日には仕事を休み、宗教儀式を行うことが求められます。ローマ帝国のコンスタンティヌス帝は３２５年、ニケーア公会議を開催すると、キリスト教徒の安息日を日曜日に定めました。ユダヤ教では土曜日ですので、ここでユダヤ教徒はキリスト教徒と異なる生活スタイルを取ることになります。

各地での流浪《るろう》生活を余儀なくされたユダヤ人は、ユダヤ教徒であるというアイデンティティを大切にしました。それは、割礼や安息日などを遵守することにつながったのです。

啓典の民としてのユダヤ人

小松左京《こまつさきょう》さんの小説『日本沈没』は1973年に刊行され、のちには映画化されました。小松さんによれば、日本人がユダヤ人のように流浪したらどうなるかを書くために、日本沈没というシチュエーションをまずつくったそうです。同時期のベストセラー『日本人とユダヤ人』(1970年刊行)の著者イザヤ・ベンダサンが言うように、定住型の日本人と流浪の民《たみ》であるユダヤ人の境遇は180度異なります。

国を失ったユダヤ人は当初、イスラム世界のなかで生活していました。630年、ムハンマドはメッカを征服し、のちにアラビア半島全域の統一に成功します。その後もイスラム帝国は拡大し、8世紀の段階で、ユダヤ人の9割がイスラム圏に住んでいました。

その理由として、地域的に近いこともありますが、イスラム帝国ではイスラム法が基本になっており、ユダヤ教とキリスト教に関しては「啓典《けいてん》の民《たみ》」として、他の多神教徒とは異なる扱いをしたことが大きいのです。人頭税《じんとうぜい》の支払いを条件に、信仰の維持や財産の安全を保障したのです。啓典の民とは、神の啓示を記した書を持つ宗教の信者のことで、イスラム側からは『トーラー』を持つユダヤ教徒、『新約聖書』を持つキリスト教徒を指しました。

ムハンマドは、アラビア半島から多神教を排除することに腐心《ふしん》します。現在、巡礼の目的地になっているカーバ神殿は、イスラム帝国以前にはさまざまな神の像が祀られていましたが、彼は一掃しています。『コーラン』のなかには「(四ヵ月の)神聖月があけたなら、多神教徒は見つけ次第、殺してしまうがよい」という文言もあります(『コーラン』9章5節)。ただし、「改悛《かいしゅん》し、礼拝の務めを果たし、喜捨もよろこんで出すようなら、その時は遁《に》がしてやるがよい」と付け加えられていますが(同右)。

前述のように、イスラム教にイスラム法があるように、ユダヤ教にはユダヤ法があります。法に従って社会生活を送るという意味で、両者は似ています。また人頭税を支払うことは税金を多めに取られるわけで、言うならば「二級市民」の扱いですが、迫害から逃れたいユダヤ教徒にとって、イスラム圏は救いの地だったのです。

ユダヤ人たちは当初、主に農業に従事していました。しかし7世紀、イスラム世界で農業革命が起こります（湯浅赳男『ユダヤ民族経済史』）。イスラム帝国がガンジス川まで広がり、インドなどから米、サトウキビ、綿花、ナス、ホウレンソウ、オレンジなどがもたらされました。また、灌漑《かんがい》などの農業技術も発達しました。「ムスリム農業革命」とも言われる大きな転換が起こるなかで、ユダヤ人は農業から離脱し、商業へと軸足を移すのです。

イスラム教ではムハンマド自身が商人であり、イスラム商人（ムスリム商人）たちはイスラム帝国の拡大を背景に活動の範囲を広げていきました。商業に軸足を移したユダヤ人も、イスラム帝国に含まれる世界中の都市に出て行くようになりました。このことが、結果として彼らの境遇を大きく変えるきっかけとなりました。

イスラム世界で富を築く

ユダヤ人は商業の世界に入ると、手工業や奴隷《どれい》貿易に携《たずさ》わり、さらに金融業に進出していきました。やがて巨万の富を築く者も出現し、イスラムの側も彼らに頼るようになっていきます。ここで問題となるのが、利子の問題です。イスラム教は、キリスト教と同様に利子を禁じています。『コーラン』は、ユダヤ教徒が利息を取ることに関して次のように記しています。

それからまた彼らは、禁を犯《おか》して利息を取り、みんなの財産を下らぬことに浪費した。彼ら（ユダヤ教徒）の中の信なき者どもには苦しい天罰を用意しておいたぞ。

（『コーラン』４章１５９節）

ユダヤ人社会では、利子はどのように扱われたのでしょうか。ユダヤ人同士は利子を取ることはできません。そこで、生まれたのが「ヘテル・イスカハ」という仕組みです。まず、貸主と借主が共同で事業を立ち上げます。借りたほうが事業を行い、損をした場合はそれを補《おぎな》います。一定の利益が出た時には分配します。つまり、金を貸して利子を取るのではなく、共同事業を行って損得を分担するわけです。これは期限内に元金《がんきん》と利子が併《あわ》せて返還されるのと同じことになります。この仕組みは、のちのイスラム金融（次章で詳述）の先駆とも言えます。

ユダヤ人はイスラム世界で利子を取り、のちにはキリスト教世界でも利子を取りました。そして富が蓄積されていきます。しかし、ユダヤ人が経済的に裕福になったことは、いっそう迫害される要因にもなりました。

アラビア半島からヨーロッパへ

イスラム世界が拡大した時代は、ギリシアやローマといった先進文明を支配下に置いたイスラム帝国のほうが、キリスト教世界よりもはるかに進んでいました。しかし、13世紀になるとイスラム帝国は衰退し、ユダヤ人たちはより良い環境を求めて西に移動していきました。

105ページの図は、12世紀から17世紀にかけてのユダヤ人の移動を示したものです。前述したイギリスからの追放は1290年ですが、イギリスからフランスやオランダに移ったことがわかります。ポルトガルからもオランダに移動しています。オランダは当時、経済の先進地域でした。

ヨーロッパに移住したユダヤ人は中世前期の段階では、他の外国人とそれほど格差のな

ユダヤ人の移動

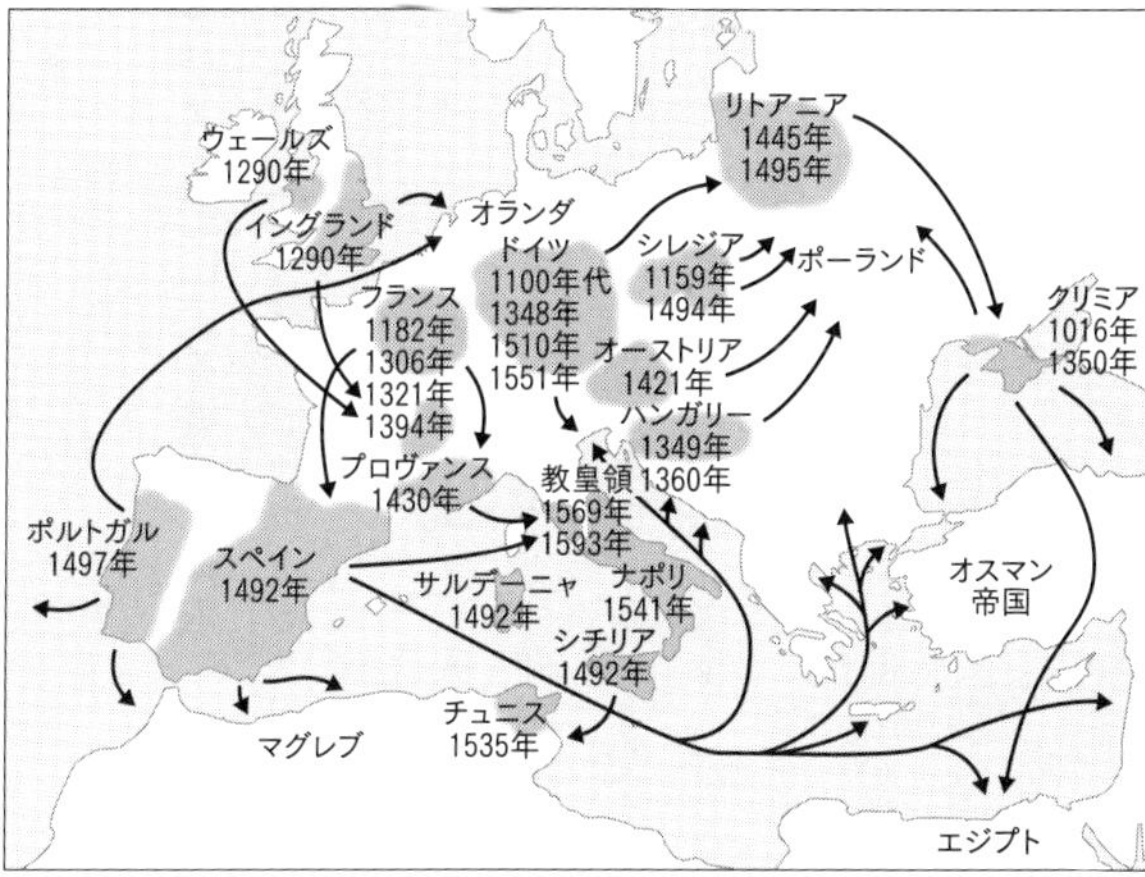

ヨーロッパにおけるユダヤ人追放にともなう移動　(Wikimedia Commons)

い境遇を得て、農業・商工業に従事していました。特にフランク王国のカロリング朝（751〜987年）では、キリスト教徒の奴僕《ぬぼく》の使用を許されたり、独自の裁判権を保持したりするなど手厚い保護を受け、安定した地位を得ています。以前に住んでいたイスラム世界とのネットワークを利用して、外交や貿易に従事するようにもなりました。当時は、ユダヤ人と商人は同義語と捉えられていたようです。

しかし11〜12世紀、イタリア商人が地中海貿易を掌握すると、ユダヤ人は締め出されるようになります。そのため金融業に転進するようになり、それで蔑視が強まります。

イギリス国王による優遇と搾取

ヨーロッパに移住したユダヤ人は、それぞれの国や地域でどのように扱われたのでしょうか。イギリス、ドイツ、スペインの順で見ていきます。

まずはイギリスです。ユダヤ人が金融業に向かったのは、前述のイタリア商人による締め出しもありますが、もう1つ理由がありました。それが、商工業者の組合である「ギルド」の問題です。ギルドのメンバーになるにはキリスト教徒であることが必須の条件でしたから、ユダヤ教徒であるユダヤ人はそこに入れなかったのです。

こうして、金融業で稼ぐことになったユダヤ人に対して、イギリス国王は保護し、また搾取しました。保護としては居住区が挙げられます。他の国や地域で、ユダヤ人は壁や門で隔離されたゲットーに強制的に居住させられましたが、イギリスでは王城のすぐそばを指定されました。大きな違いです。搾取としては、さまざまな税による収奪ということになります。特にひどいのは「恣意税《しいぜい》」です。これはユダヤ人だけが対象でした。しかもユダヤ人同士の連帯責任とされましたから、払わざるを得ません。

ユダヤ人には金を儲ける才能があり、その〝上がり〟を権力者の側が利用するという構図が見えてきます。ということは、利用価値がなくなれば追放される危険性があります。

十字軍を率いるなど、その勇猛さから「獅子心王《ししんおう》」と呼ばれたリチャード1世（1157～1199年）の治世下である1189年、突然ユダヤ人の家が焼かれ、多くのユダヤ人が殺害されます。それらの財産はすべて国王のものとなりました。

1215年に開催された第4ラテラノ公会議では、前述のように権力者にユダヤ人の利子の徴収を止めさせることを求める決議が採択されましたが、この時ユダヤ人に徽章《きしょう》を義務化することが決まりました。これを受けて1217年、イギリスでは国内のユダヤ人は全員、胸に黄色のバッジをつけることが義務づけられました。外見だけでユダヤ人とわかるようにさせられたわけです。

そのようななか、ある事件が起きます。1255年、東部のリンカンで子どもが行方不明になり、井戸から遺体が発見されたのです。早い段階からユダヤ人の仕業《しわざ》とされ、それに反発したユダヤ人が暴力を振るうという事態に発展しました。背景にあったのが、ユダヤ人に対する迷信です。ユダヤ教の三大祭の1つに、春に行われる「過越祭《すぎこしのまつり》」がありま す。その前夜の食事に供するパンに、キリスト教徒の血を混ぜるために幼子《おさなご》を殺すという迷信があったのです。結局、1人のユダヤ人が犯人とされ、17人のユダヤ人と共に処刑されています。いっぽう、殺された少年は聖人として列聖《れっせい》されています。カトリックは常に聖人を求めているところがあり、少年の死はそれに利用されたわけです。

1269年、イギリス政府はユダヤ人の土地所有を禁じます。さらにユダヤ人の遺産相続を禁止して、その財産は王室が没収することになりました。

次第にイタリアの銀行が台頭してくると、ユダヤ人は不要ということで、1290年に追放されます。1万6000人がフランスなどへ逃れたと言います。それまでは、キリスト教の聖書注釈学者がユダヤ教のラビに教えを乞《こ》うなどの交流も行われていましたが、それも失われます。

その後イギリスでは、前述のような「隠れユダヤ人」の時代が続き、1656年にクロムウェル政権が誕生すると、ユダヤ人を呼び戻します。イギリスの経済が行き詰まり、金を出してくれるユダヤ人を必要としたからです。

このように、ユダヤ人は支配者に利用される存在であり、常に不安的な状態に置かれていました。それゆえに金に執着するという面があったのかもしれません。そのため、同じ宗教を信奉するということだけでなく、リスクヘッジの観点からも、同胞のネットワークを重視しました。時にはそれも利用されて、スパイの役目を負わされることもあったようです。それがまた蔑視される要因にもなりました。

カール・マルクスのユダヤ人論

次に紹介するのが、ドイツにおけるユダヤ人です。

ユダヤ人問題を研究領域としている、ドイツ文学者の羽田功《はだいさお》さんによれば、イスラム勢力は7世紀以降、版図《はんと》を拡大し、商業活動でも巨大なネットワークを形成しました。西ローマ帝国は476年に崩壊しますが、荒れ果てたヨーロッパは、ユダヤ人の力を借りてそのネットワークに参入しようとしました。「異教徒を排除する宗教理念に経済的利益を優先させせ」たのです（羽田功「キリスト教会とユダヤ人」）。

神聖ローマ帝国の皇帝フリードリヒ3世（1415〜1493年）は、「皇帝というものは古代からの慣習により、ユダヤ人を焼き殺す権利あるいはその財産の3分の1を没収することで恩赦を与える権利を有している」と言いました。ユダヤ人は煮《に》て食おうが焼いて食おうがかまわない、というわけです。他方、当時の皇帝官房の収入の大半は、ユダヤ人の納める諸税が大半を占めていました。

13世紀から14世紀にかけて、ドイツ各地にユダヤ人の商人や金融業者が招かれました。そして特権を付与し、免税措置を与えるなど優遇します。といっても、彼らの稼ぎは、税として国家に入ってくるわけです。

ドイツが戦場となった三十年戦争（1618〜1648年。カトリックとプロテスタントの対立に起因する最大規模の宗教戦争）では、ユダヤ人は軍需商人として活躍しました。この時期には高利貸しへの批判が起こり、またユダヤ人に「神殺し」の烙印《らくいん》を押す風潮も高まりました。神殺しとは、ユダヤ人であるイスカリオテのユダが師イエス・キリストを裏切り、密告したことでイエスが処刑されたとするものです。

15世紀には、いわゆる「宮廷ユダヤ人」が登場します。宮廷ユダヤ人とは、キリスト教徒の貴族の資金運用や資金貸付を行うユダヤ人銀行家や金融業者のことです。ヨーロッパのなかでも、ドイツに多かったようです。当時はユダヤ人でなくても、政権が替わると財産を没収されることは珍しくありませんでした。そのため、権力と対峙できる大商人や銀行に資産を預ける習慣が生まれ、それでユダヤ人がさらに儲かることになりました。

ドイツの哲学者・経済学者カール・マルクス（1818～1883年）は、著書『ユダヤ人問題によせて』のなかで、ユダヤ人は金儲けから離れなくてはならない、と述べています。

マルクスは代々、ユダヤ教のラビを務める家に生まれましたが、6歳の時にキリスト教（プロテスタント）に改宗しています。マルクスがユダヤ人問題をどのように捉えたか、国際政治学者の巣山靖司《すやまやすじ》さんの論文から見てみましょう。

K・マルクスはユダヤ教とかキリスト教とかいって宗教それ自体の次元で二者を批判したり、比較するといったB・バウアーの取った方法は採用しない。（中略）かれは「ユダヤ教の現世的基礎は何か。実際的な欲求、私利である。ユダヤ人の世俗的祭祀は何か？　あくどい商売である。彼らの世俗的な神は何か？　貨幣である。」と言い切る。ここまで論ずればユダヤ人の解放は自《おのず》から明白になる。（中略）しかしK・マルクスはこれで終らない。この「あくどい商売」、「貨幣経済」はユダヤ教徒が担いキリスト教と結合した市民社会で最高に発展した、（中略）かくして貨幣経済からの解放――ある種の革命――は、ユダヤ教とキリスト教の同時的否定を意味した。両宗教の同時的否定は、西欧においては無神論の宣言、唯物論の宣言と考えられた。

（巣山靖司「K・マルクスとユダヤ人問題」）

マルクスは、ユダヤ人を宗教面より金融など金銭面から見ることを重視したわけです。実際、近代以降、ユダヤ人は信仰上の理由だけでなく、人種としても差別されるようになっていたのです。

改宗ユダヤ人

最後はスペインです。スペインでは1492年、クリストファー・コロンブス（1451～1506年）への援助でも知られるイサベル女王（1451～1504年）が、ユダヤ教徒追放令を発します。ユダヤ人にキリスト教への改宗、もしくは出国を迫ったのです。

この時、問題になったのが偽装改宗者です。キリスト教に改宗した新しいキリスト教徒は「コンベルソ」、偽装改宗者は「マラーノ」と呼ばれました。コロンブスもコンベルソであったと言われています。キリスト教社会は、ユダヤ人に対して常にキリスト教に改宗するように圧力をかけます。社会に同化するにはキリスト教徒になったほうがよいので、それまでも改宗は行われていましたが、本当に改宗したのか、疑われたのです。

イサベル女王は、偽装した新キリスト教徒の存在や改宗者のユダヤ教への逆戻り現象はユダヤ人社会を抹殺しない限り根絶できない、と考えていました。歴史学者の増田義郎《ますだよしお》さんは「人種的な偏見や、国家統一のための具に宗教を用いたのではなく、純粋に宗教的なものにもとづいていたというのが真相だ」と述べています（増田義郎『コロンブス』）。

聖職者はマラーノを探すため、国王に異端審問を要求します。ユダヤ人にすれば、ユダヤ教から改宗した時点でユダヤ人ではないのですが、ユダヤ人であった者はその後もさまざまな疑いの目を向けられました。宮廷で活躍したコンベルソもいましたが、常にその疑いを逃れることはできなかったのです。

追放令により、多くのユダヤ人がポルトガルに移住しました。しかし1580年、ポルトガルがスペインに併合されると、異端審問を恐れたユダヤ人はヨーロッパ各地に移動していきます。そのうち、ヨーロッパ中部および東部に居住したユダヤ人を「アシュケナジム」、スペインやポルトガルに居住し、追放後はヨーロッパ西部に移住したユダヤ人を「セファルディム」と言います。両者は、現在のユダヤ人社会において二大勢力となっています。

結局、ユダヤ人は、ヨーロッパのキリスト教社会で安住の地を見出すことができませんでした。これが、戦後のイスラエルの建国に結びついていきます。アメリカへの大量移住も、これらヨーロッパの事情が大きな要因です。

このような特殊な境遇を強《し》いられたユダヤ人は、さまざまな偶然や事情が重なって最終的には金融業に追い込まれ、豊かさを享受しました。いっぽうで国王などに利用され、必要がなくなると追放されることが繰り返されます。

『旧約聖書』で禁止されている利子を取り、金融で儲け、神殺しであるユダヤ人は本来、キリスト教社会では存在してはならないものですが、〝金のなる木〟であるがゆえに利用される。それによって国や社会が成り立つという側面もあります。ヨーロッパにとって、ユダヤ人は「必要悪」と捉えられたのです。

ユダヤ教と金という問題を見ていくと、なぜ彼らが金融に手を伸ばさなければならなかったのか、そして、なぜ彼らがキリスト教世界で忌み嫌われなければならなかったのかが見えてきました。ユダヤ人は、キリスト教徒にいいように利用されたのではないか。そんな疑惑も浮上します。そのユダヤ人が、差別からの解放を求めて頼ったのがイスラム世界でした。次に、イスラム教における金や商売についての、相当に肯定的な捉え方を見ていくことにしましょう。

第４章

商人の宗教・イスラム教の拡大

イスラム帝国と金

イスラム教に特徴的なのは、必ずしも戒律が厳しくないことです。おそらく、多くの日本人は逆の認識を持っていることでしょう。キリスト教や仏教と比較してみましょう。

キリスト教には原罪の観念があり、それを贖うことが基本のテーマです。また仏教は、苦《く》の根源に煩悩《ぼんのう》（心身を悩まし苦しめる精神作用）があると考え、それを断とうとします。いっぽう、イスラム教にはそのような考えはありません。なぜなら、この世にあるものはすべて神がつくったものであり、神がつくったものに間違いはない、と考えるからです。ゆえに、お金に関しても肯定的に捉えます。

イスラム教はイスラム帝国の拡大によって、アラビア半島から各地に広がっていきました。ムハンマドの死後、第2代カリフ（スンニ派の最高指導者）となったウマル（581頃～644年）は、初期からの信者や帝国拡大に貢献した人などにお金を配りました。具体的には「ムハンマドの妻たちは六〇〇〇ディルハム（銀貨）、バドルの戦い・ウフドの戦いの参戦者は五〇〇〇ディルハム、マッカ征服以前にマディーナに移住した者は三〇〇〇ディルハム、という具合であった。最低額は三〇〇ディルハム」でした（小杉泰『興亡の

世界史 イスラーム帝国のジハード』）。マッカはメッカを、マディーナは現サウジアラビア・マディーナ州の州都を指しています。マディーナはメディナとも言い、イスラム世界においてメッカに次ぐ第２の聖地とされています。

帝国が広がると、支配地域から徴収する税金も増えていきます。「国家が巨大な富の集積マシンとなった」わけで、そのような国家は「イスラーム以前のヒジャーズ地方には存在しなかった」のです（同右）。そして、集積された富は、帝国の中核にいる人たちに分配されたのです。

中国でも元《げん》の時代、帝国の拡大はモンゴル人たちに経済的な恩恵を与えています。帝国は金や経済と深く結びついています。現代では技術革新によって、あるいは経済政策によって経済を発展させていくことができます。しかし、昔はそれができませんでした。そこに、帝国が生まれた根本の原因があります。版図を広げることでその支配地域から税金を取り、経済を発展させたのです。世界史において帝国が登場した根源には、経済的な問題があると私は考えています。

商人ムハンマド

イスラム教はお金を肯定的に捉えると述べましたが、それは開祖ムハンマドによるところが大きいのです。イスラム教の本質を知るために、ムハンマドの生涯を見てみましょう。なお、一般的にイスラム教の開祖は預言者ムハンマドとされていますが、イスラム教徒たちは、『トーラー』（『旧約聖書』）に登場するイスラエル民族の始祖であり、最初の預言者アブラハム（アラビア語でイブラーヒーム）に遡ると考え、アブラハムを「信仰の父」としています。

預言者とは、神から何らかのメッセージを受け取り、民衆に伝えた人のことです。アブラハム以降、イエス・キリストを含めて多くの預言者が現れたなかで、はじめて神のメッセージを正しく理解したのがムハンマドとされます。それまでの預言者は神と接触はしても、そのメッセージを正しく理解できなかったというわけです。ムハンマドの死後は、神のメッセージは下されなくなりましたから、ムハンマドが最後の預言者になります。

570年頃、ムハンマドはメッカで誕生しました。メッカは現在、イスラム教最大の聖地とされ、多くの人が巡礼に訪れますが、それもムハンマドの生誕の地であり、イスラム教発祥の地だからです。

ムハンマドの父親は彼が生まれる前に死去し、母親も彼が幼い時に亡くなるなど、家庭環境には恵まれませんでした。ムハンマドは孤児となったわけですが、当時のアラビア半島は部族社会であり、親戚縁者その他が彼の成長を見守り、援助しました。成人後は、叔父が商人をしていたこともあり、商人として活動するようになります。そして25歳の時、同じ商人であった未亡人のハディージャと結婚します。彼は初婚ですが、ハディージャは3回目の結婚です。やがて3男4女をもうけて、商売も順調だったようです。

ムハンマドは40歳頃、悩みを抱えるようになりました。この点は、仏教の開祖・釈迦と似ています。しかし、釈迦が何で悩んだのかは伝えられていますが、ムハンマドの悩みについては具体的には説明されていません。イスラム教にとって重要なのは、あくまで神が伝えたメッセージであり、ムハンマドという個人の悩みではない、と考えているからです。

悩んだムハンマドは、ヒラー山（現サウジアラビアのメッカ郊外）の洞窟で瞑想するようになりました。610年、瞑想のなかで突然、天使が現れます。その名は、アラビア語では「ジブリール」です。ユダヤ教とキリスト教では「ガブリエル」です。マリアに受胎告知をするのもガブリエルですが、神の使いとして重要な役目を果たす天使です。ムハンマドは神の啓示を受けたわけです。

啓示の内容は、『コーラン』の96章に書かれています。なぜ最初の章ではなく、96章かというと、『コーラン』は長い章から順に収められているからです。もっとも長い章が2章で、だんだん短くなり、最後の章はほとんど数行です。ちなみに、1章は「開扉《かいひ》」の章で7行からなり、イスラム教徒は日々の祈りでこれを唱えます。このような配列は仏教の経典でも取られており、古代にはこのようなまとめ方が一般的だったようです。

ムハンマドが受けた神の啓示は、次のようなものでした。

誦《よ》め、「創造主《つくりぬし》なる主《しゅ》の御名《みな》において。いとも小さい凝血《ぎょうけつ》から人間をば創りなし給《たも》う。」誦め、「汝《なんじ》の主はこよなく有難《ありがた》いお方。筆もつすべを教え給う。人間に未知なることを教え給う」と。

(『コーラン』96章1-5節)

「御」がつくのは日本語の訳だからで、アラビア語には敬語表現はありません。これらのメッセージを受けて以降、ムハンマドは神の啓示を受ける立場となりました。預言者になったのです。

神に従えば、商売もうまくいく

『コーラン』には、信仰を商売の言葉でたとえて説明したところがあります。いくつか例を挙げてみましょう。

彼らは（アッラーの）御導《おみちび》きを売りとばして、それで迷妄《めいもう》を買い込んだ人々。だが彼らもこの商売では損をした。目算《もくさん》どおりには行かなかった。（『コーラン』２章15節）

彼らはアッラーの神兆《しんちょう》を安値で売り飛ばし、その（アッラーの）道を塞《ふさ》ごうとした。まことに彼らのしてきたことは悪いことばかり。（同右９章９節）

アッラーの啓典（『コーラン』）を読誦し、礼拝の務めをよく守り、我ら（アッラー）から授《さず》かった財産を、或《ある》いはひそかに、或いは大っぴらに、惜しみなく使う（勿論《もちろん》、「神の道に」使うのである）人々は、絶対はずれっこない商売を狙っているようなもの。

（同右35章26節）

ムハンマドは妻も叔父も商人であり、周囲にも商人が多かったようで、このことがこうした箇所に反映されています。また、メッカはムハンマドが生まれ育った頃、すでに1万人ほどの人口を抱え、商業都市として急速に伸びていました。ムハンマドは都市の発展に合わせて教えを説いたわけで、だからこそイスラム教は広がっていったのです。

ですから、イスラム教では商売が否定されることはありませんし、金を儲けることは肯定的に捉えられます。これが、キリスト教と大きく異なる点です。

中東史学者の加藤博《かとうひろし》さんは、イスラム経済の特徴として「他の世界宗教では否定的に捉えられる、金銭欲を含む人間のすべての欲望に対する肯定」を挙げています（加藤博「イスラム経済の基本構造」）。そして、次の「スンナ」を紹介しています。スンナとは、ムハンマドの言行についての伝承です。「誠実で信用のおける商人は（最後の審判の日に）、預言者、義人、殉教者たちとともにあるだろう」「信用のおける商人は、最後の審判の日に、神の玉座の影にすわるだろう」などです。つまり、誠実な商人は天国に行くことができる、とされているのです。

また、スンナを法学者が集めた「ハディース」のなかには、次のように商道徳を説いている箇所もあります。

ジャービルによると、アッラーの御使《みつか》いは言われた。「アッラーは、売るに際し、買うに際し、借金の清算を求めるに際し、寛大な者に恵みを垂《た》れ給います。」

（アブドゥル・ラヒーム・アルファヒーム編著、大木博文訳注『200のハディース（付・預言者伝）』125）

ワースィラ・イブン・アル＝アスカウによると、私はアッラーの御使い様が、「欠陥商品を売り、それを買い手に伝えない者は、アッラーの御怒りのうちに留まるでしょう。あるいは、天使が彼を呪い続けるでしょう。」と言われるのを聞いた。

（同右130）

商業について、ここまで具体的に言及している宗教はきわめて珍しいですが、ここにイスラム教の本質があります。「商人の宗教」と言われる所以《ゆえん》です。

イスラム法がすべての規範

イスラム教のもう1つの特徴として、「ウンマ」の存在があります。これは、イスラム教徒の共同体のことで、時に国境や民族を超えた帰属意識を生み出します。キリスト教の場合は福音を伝えることが宣教の目的ですが、イスラム教の場合はウンマを広げていくことが最大の目的とされます。

ウンマとは、イスラム法（シャリーア）が行き渡った社会のことです。イスラム法が施行されている地域を「イスラムの家」、そうではない地域を「戦争の家」と言います。イスラム教徒からすれば、日本は戦争の家になります。

イスラム世界では、イスラム教徒は何をすべきか、あるいは何をしてはいけないのか、すべてイスラム法で定められており、その範囲は宗教儀礼のみならず、世俗の生活にまでおよびます。たとえば、礼拝の時に身を清めるにはどのような方法で行ったらよいのか、結婚する時にはどのような手順を踏むべきか、商売の契約方法などもイスラム法で規定されているのです。

イスラム法の法源となるのが、イスラム教の『コーラン』、ムハンマドの言行「スンナ」です。法源としてもっとも重視されるのは『コーラン』ですが、すべてを網羅しているわけではありませんので、スンナを言行録としてまとめた「ハディース」などで補います。

『コーラン』はムハンマドの死後すぐにまとめられており、異本はありません。『旧約聖書』や『新約聖書』には異本があり、それをどう扱うかで議論があるのですが、『コーラン』に関してはそのようなことはありません。２０１５年、イギリスのバーミンガム大学で最古の『コーラン』の写本が発見されました。放射性炭素年代測定法で５６８～６４５年と鑑定されていますから、これが正しければ、ムハンマドの存命中から死後15年以内につくられたことになります。

「ハディース」はムハンマドが言ったことや行ったことをまとめたものですが、ムハンマドの弟子など伝承者の名も記されています。まとめたのはのちの法学者です。伝承者が信用できるかどうか、どれだけの数の言行を伝えているか、などを判断基準にして、正しいものとそうでないものを分け、正しいものだけを集めたものが「ハディース」になります。ところが、法学者がつくった主な「ハディース」だけで複数が存在します。ちなみに、もっとも権威があるとされているのが、アル＝ブハーリー（810～870年）編纂によるもので、邦訳もされています。

イスラム法が難しいのは、『コーラン』にも「ハディース」にも、それぞれの行いに対してなぜそうすべきなのか、その理由が必ずしも説明されているわけではないことです。たとえば、メッカ巡礼において、まずカーバ神殿を反時計回りに7周することになっています。最初の3周は群衆の外側を急ぎ足で、続く4周はカーバ神殿に近づいてゆっくり回ります。これは、ムハンマドが最後にメッカに巡礼した時の方法をもとに決められているわけですが、なぜ反時計回りなのか、なぜ7周なのか、説明されていません。それでも、イスラム教徒はそのやり方に倣って行うのです。

『コーラン』には異本がありませんから、神の言ったことは明確に伝えられています。しかし、それをどう考えるか、捉えるかは議論の余地が生まれてきます。時代が進めば、環境は大きく変わってきます。その時代に応じた解釈をしなければならないことも出てきます。それをするのがイスラム教の法学者です。

ところが、法学者にも学派があり、その系統によって解釈が異なります。ただ、日本の司法試験のような資格制度があるわけではありません。極端なことを言えば、イスラム法を学んだ人であれば、誰でも法学者を名乗ることができます。とはいえ、無名の法学者には耳を傾けることはなく、やはり権威がある法学者が尊ばれます。

利子を合法とする法学者、非合法とする法学者

ユダヤ教、キリスト教と同じく、イスラム教も利子を禁じています。『コーラン』には次のように記されています。

利息を喰《く》らう人々は、（復活の日）すっと立ち上《あが》ることもできず、せいぜいシャイタ

ーン（サタン）の一撃をくらって倒された者のような（情《なさけ》ない）立ち上り方しかしないであろう。それというのも、この人々は「なあに商売も結局は利息を取るようなもの」という考えで（やっている）。アッラーは商売はお許しになった、だが利息取りは禁じ給うた。神様からお小言《こごと》を頂戴しておとなしくそんなこと（利子を取ること）をやめるなら、まあ、それまでに儲けた分だけは見のがしてもやろうし、ともかくアッラーが悪くはなさるまい。だがまた逆戻りなどするようなら、それこそ地獄の劫火《ごうか》の住人となって、永遠に出してはいただけまいぞ。

（『コーラン』2章276節）

このように書かれている以上、イスラム世界では利子を取ることはできません。利子は神が創造したものではないからです。

ということは、お金を貸せば同額しか戻りませんし、同じ物は同じ価格で売らなければなりません。それが誠実な商売ということになります。商品の質が落ちているのに同じ価格で売ったり、状況が変わったからとして価格を上げたりすることは良いことではないのです。価値が異なることで、『コーラン』に記されていない〝余計なこと〟が発生します。神がつくっていないものが発生して、そこから人間が利益を得るのは間違っているというわけです。

しかしキリスト教社会と同様に、イスラム世界でも、いかにして利子ではない形で利益を得るのか、さまざまな工夫が生まれます。その１つが、「ヒヤル」という買戻約款付売買《かいもどしやっかんつきばいばい》です。

たとえば、ＡとＢの間に売買契約が結ばれて、買主がお金を払い、売主が買い戻します。その場合、代金返済に半年の期限を設けて、金額を最初より高く設定する。これを１つの契約で行えば利子を取ったことになりますが、買う時と売る時を別の契約とすれば、利子を取ったことになりません。問題は、そこに意図が働いていたか否《いな》かですが、買い戻しは想定していなかった、などの便法を使って、利子の発生を回避するわけです。この方法が昔から行われていました。そうしないとなかなか商売が思うようにできないからです。

しかし、ある法学者はこれを違法としました。利子を取ることと捉えたわけです。ところが、別の法学者は合法の「ファトワー」を出します。ファトワーとは、法学者が出す見解や判断のことで、法的拘束力はありませんが、イスラム法廷に提出することができます。

近代になると、買戻約款付売買を合法とする考え方が有力になってきます。世の中が求めているのだから、認めないわけにはいかないとなったのです（ジョン・エスポジト編、坂井定雄監修、小田切勝子訳『〈オックスフォード〉イスラームの歴史(1) 新文明の淵源』）。

同じ事例でも、ある法学者は違法とし、別な法学者は合法とする。法学者によって判断が分かれます。このようなことが起こるのがイスラム世界です。ある意味、融通が利くわけです。

たとえば、『コーランには本当は何が書かれていたか?』（カーラ・パワー著、秋山淑子訳）には次のような事例が出てきます。イギリス在住のイスラム教の法学者の娘が父親に「髪を染めてもよいか」と聞いたところ、父親は「イスラム法に適っていないからだめだ」と答えます。すると、娘は別の法学者のところに行き、「かまわない」との返答を得たので、髪を染めたというのです。

また、イスラム学者であり、イスラム教徒でもある中田考《なかたこう》さんは次のようなことを教えてくれました。イスラム教では豚を食べてはいけないことになっていますが、その理由は説明されていません。また、豚肉以外でも、イスラム教徒が捌《さば》いたものでないと、食べてはいけないことになっています。では、イスラム教徒が少ない日本ではどうしたらよいのでしょうか。中田さんが権威のある法学者に聞いたところ、同じ一神教のキリスト教徒が捌いた肉ならよい、との返事だったそうです。このように、時代や環境によって柔軟に解釈できることがイスラム法の特徴であり、それこそがイスラム教の強みでもあるのです。

イスラム金融の誕生

利子を禁じているイスラム教において、法学者の解釈を背景につくられたのが「イスラム金融」「イスラム銀行」です。一言で言えば、イスラム教に適合した、すなわちイスラム法に則った金融システムであり、金融機関ということになります。

特徴としては、利子の禁止、投機的取引の禁止、禁制品およびそれらを扱う企業に対する投資の禁止などがあります。禁制品とは豚肉、アルコール類、タバコ、猥褻物《わいせつぶつ》（ポルノ）など。アルコールを提供するレストランやホテル、利子を取る欧米の金融機関への融資もできません。

イスラム銀行のなかには、法学者を迎え入れるなどして、イスラム法に適っているか否かの判断を仰ぐところもあります。社外取締役のようなものです。現代はムハンマドの時とは環境も経済のあり方も大きく異なるため、法学者の目を通して判断するわけです。

イスラム金融が浸透するに至った経緯を、歴史と共に見ていきましょう。イスラム世界は13世紀まで高度な文明を誇っていましたが、次第にヨーロッパのキリスト教諸国が台頭し、勢力を失っていきます。１９２２年にオスマン帝国が滅びたあとは、アラビア半島のイスラム諸国は植民地化されるようになりました。ただし、この間にはまだ、イスラム世界では利子の禁止や金融業に対して、大きな問題になることはありませんでした。

しかし１９３０年代、ヨーロッパの金融機関がイスラム世界に進出して銀行業務を行うようになり、イスラム世界にも復興の動きが出てきます。１９２３年に建国されたトルコ共和国は政教分離を掲げ、太陽暦やローマ字の採用など近代化政策を進めました。こうしたなか、利子を取る金融について、議論が活発に行われるようになりました。イスラム法学者が厳しく批判するいっぽう、いかに利子を正当化するかという議論も出てきます。

最初のイスラム銀行が登場したのは１９５０年代、パキスタンでです。具体的には、地主たちが貧困な農民に農業改良資金として貸し付けた際、運営費を賄うため、少額の手数料を徴収したのです。これは利子ではなく、あくまで手数料であり、その目的も慈善事業です。イスラム世界のなかで行われている喜捨に近いものと考えられ、問題にはされなかったのです。しかし、この試みはすぐに破綻しました。無利子では預金する者がきわめて少数だったからです。

１９６２年にマレーシアで設立されたのが、マラヤ・ムスリム巡礼貯金公社です。その名の通り、巡礼および巡礼者を補助することが主な目的でした。イスラム教では1年に1回、巡礼月があり、世界各地から巡礼者がメッカを訪れます。イスラム世界では、メッカに巡礼した人は「ハッジ」と呼ばれて尊敬されます。しかし、メッカのあるサウジアラビア国内ならともかく、マレーシアからでは交通費や滞在費など大きな負担になります。メッカでは案内人も必要ですし、滞在中の飲食費もかかります。それらの旅費を貯める、あるいは融資する金融機関が必要とされたのです。

この背景には、イスラム世界の拡大があります。東南アジアなどアラビア半島以外にも、イスラム教徒が増えていったのです。この傾向は21世紀の現在も続いています。

これに似たものが、日本にもありました。寺社、霊場、聖地に参詣・参拝する資金を集めるための「講《こう》」です。代表的なものに、伊勢神宮への参詣を目的とした伊勢講《いせこう》、富士山《ふじさん》への参拝を目的とした富士講《ふじこう》などがあります。伊勢講で集めた金は参拝以外の生活資金の融資にも使われましたが、マラヤ・ムスリム巡礼貯金公社も同様です。

同社は利用者が増えることで規模が大きくなり、のちにルンバガ・ウルサン・タブン・ハジ（巡礼基金会社）と改称され、石油備蓄基地の建設といった大規模なプロジェクトにも融資を行うようになりました。

1970年代、アラブ諸国にもたらされた豊富なオイルマネーをもとに、イスラム銀行が次々に設立されます。1975年には、最初の近代的なイスラム銀行とされるドバイ・イスラーム銀行が設立されます。その後もバーレーン通貨庁から発展したバーレーン中央銀行、クウェート・ファイナンス・ハウスなどがつくられました。

1980年代に入ると、イスラム銀行の国際的な展開が進みます。ギニア、リベリアなどアフリカ大陸へも進出を果たします。21世紀には原油価格の高騰により、イスラム銀行はさらなる拡大を遂げます。その市場規模は現在、1兆9000億ドルに達しています(Islamic Financial Services Industry Stability Report 2016)。

利子を取らない仕組み

イスラム金融の仕組みについて簡単に説明しましょう。いくつかの方法があるのですが、たとえば「ムダーラバ」の場合、出資者(ムダーリブ)が事業者(ダーリブ)に対して資金を信託するパートナーシップ契約を結びます。そして事業の終了時、あるいは決められた期限が訪れた時に利益と損失を分け合います。同様なことは、第1章でも触れたように、キリスト教世界でも行われていました。これは利子を含めて返済を迫るものではないので、イスラム法に抵触しないというわけです。

「ムシャーラカ」では、事業者とイスラム銀行が一定の比率で出資し、出資額に応じて、配当の受領権や経営の発言権を持ちます。損失が出た際には、両者で分担します。現在の株式会社に通じるものがあります。

いっぽう、「イジャーラ」は現在のリースとほぼ同じ仕組みです。設備などを購入して顧客に貸し、使用料を徴収します。これも使用料であって利子ではありませんから、問題ないというわけです。

こうして、さまざまな方法が開発されましたが、いずれも利子を取ることを回避しながらも、利潤を得られる仕組みになっています。『コーラン』などの法源を守りながらも、時代や環境に合わせて対応していったわけです。

第1章で述べたように、ヨーロッパのキリスト教社会では、利子の禁止を巡って論争を続けるなかで、経済学が誕生しました。それがまた、経済政策を立てるうえで有効性を発揮しました。つまり、制度化された制約をいかに免れるかを考察したわけです。ところが、同じように利子を禁じたイスラム世界では、経済学は発生しませんでした。イスラム世界では、すべてをイスラム法によって現実的に解決する慣行があります。そのような環境では、抽象的な経済学は生まれにくいのです。

独特な寄進制度「ワクフ」

本章の最後に、イスラム教に特徴的な「ワクフ」について触れます。ワクフは「停止」

を意味するアラビア語で、寄進者（ワキーフ）が自分の財産の権利を停止して、そこから生じる収益を、モスクの運営など特定の目的に使われるよう指定、寄進するものです。イスラム世界では盛んに行われています。現在の信託事業に似ており、ワクフをその起源とする見方もあります。

ワクフは「慈善ワクフ」と「家族ワクフ」に分かれます。慈善ワクフはモスク、学校、病院、孤児院の建設・維持・運営のために寄進されます。

いっぽう家族ワクフは、収益の受益者を寄進者の家族、子孫、友人などに指名し、残りをワクフ施設の維持・管理に充《あ》てます。これは財産を守るために行われました。世界の歴史ではユダヤ人の例を出すまでもなく、突然、国家によって財産を没収されることがありました。そのため、財産をイスラム法に則った団体に寄進して守ったのです。

家族ワクフは、女性が財産を保持するために使われることもありました。ムハンマドの最初の信者が妻ハディージャだったことも影響していると思いますが、イスラム世界では女性の力が強い傾向にあります（これも日本人が誤解している点です）。イスラム法は女性への相続を認めていますし、夫と妻の財産は区別されています。ですから、結婚前の相続や結婚後の保持に、家族ワクフを利用したのです。

なお、ワクフを慈善ワクフと家族ワクフに分けるのは近代以降であり、それ以前は区別されていませんでした。また、寄進は神に対してなされるものなので、永続性が求められました。ですから、農地、店舗などの不動産を寄進する際には、そこで必要となる家畜や機具などの動産も寄進対象になります。ただし、動産だけの寄進はできません。

やがて、物件だけでなく、現金のワクフが誕生します。これも利子の禁止を免れる方法です。具体的には、ワクフの管財人は預かった現金で貸す相手の家を買い、その代金として貸金を渡します。間に家が介在することで、利子が間接的なものに変えられているわけです。これは、オスマン帝国時代に合法として認められました。

キリスト教では教会などへの寄進が蓄積されると、経済的のみならず政治的にも強大化していきましたが（次章で詳述）、イスラム教は教団がないため、そのようになることはありませんでした。モスクは礼拝所であり、信者はたまたま近くにあるモスクに礼拝に行くのが基本です。われわれが近くの神社にお参りをしても、その神社に所属しているという感覚はないでしょう。イスラム教の信者とモスクの関係も、それと同じです。ですから、モスクが巨大化して権力を持つようなことはなかったのです。

中田考さんによれば、イスラム世界では法人を認めない傾向があるようです。法人は神が創造したものではないから、というのがその理由です。ワクフは誰のものでもない、あえて言えば神のものであり、そのようなものを生み出すことで、法人の問題をクリアしてきたとも言えるかもしれません。

ワクフの収益が公共施設の建設・維持・管理に充てられたことは、社会資本の充実を促《うなが》しました。税金を使わずに、インフラが整備されたわけです。インフラの整備は都市の形成・拡張をもたらし、「イスラムの家」、つまりはウンマの拡大に寄与しました。

イスラム教と金との関係が、キリスト教や仏教とかなり異なるものであることがわかりました。ユダヤ教と通じるものもあり、だからこそユダヤ人はイスラム世界で生きる道を選択したのです。それぞれの宗教における金の見方がわかったところで、宗教が寄進された土地を通していかに経済力を発揮してきたかを見ていくことにしましょう。

第5章

寺院と教会は土地を抱え、強大化した

宗教活動か、収益事業か

宗教と金の関係ということでよく取り上げられるのが、税の問題です。宗教には多くの金が集まってくるのに宗教法人には税金がかからない、などと言われたりしますが、課税対象とされる部分もあるので、まったく無税というわけではありません。

税金がかからないのは宗教活動によるものです。法人税は法人所得である収益にかけられるものですから、営利活動ではない宗教活動には税金がかかりません。もし宗教活動に課税すれば、国が国民の思想・信条に介入する余地が生まれます。日本では戦前、神道《しんとう》が国民統制に使われた反省もあり、その線引きは厳しく守られてきました。

課税されるものには、人件費があります。聖職者を含めた職員の給与・謝礼は課税対象です。僧侶も神父も、宗教法人の職員ならば源泉徴収されています。

収益事業も課税対象です。宗教法人はさまざまな収益事業を行っており、軽減税率が適用されてはいますが、その収益に対して所得税が課税されます。たとえば境内のスペースを駐車場として貸し出せば、収益事業です。神社の社務所でTシャツを売ることも同様ですが、会計が宗教活動による収入と区別が難しくなるので、そうした販売は普通行われていません。ただし、お札《ふだ》やお守りは課税されません。なぜなら、それは布や紙に文字などを刷っただけであり、価値がないものに価格をつけるのは宗教的な価値にもとづくものだとされるからです。

収益事業と宗教活動の区別は、結婚式と披露宴がわかりやすいでしょう。結婚式は宗教的な儀式として課税されませんが、披露宴は宗教活動と無関係な収益事業として課税されます。宗教法人が結婚式場を設けていれば、それも収益事業です。ただし、それは常設の場合で、臨時に設ける場合は収益事業とは見なされません。

この他にも寺院が経営する幼稚園などは収益事業です。しかし、学校法人になっているので課税されません。そもそも学校法人の教育活動における収益は、法人税が課税されません。いっぽう、医療法人は課税されます。

ちなみに、聖教新聞を発行している聖教新聞社は独立した株式会社ではなく、創価学会の出版部門です。形としては宗教活動のようですが、収益事業とされ、同社から発行する出版物を含めて課税されています。

寺社と土地

もし、寺社が所有する土地に課税して固定資産税を取ったら、経営が厳しくなるところが大半だと思います。たとえば明治神宮《めいじ》（東京都渋谷区）に課税したら、固定資産税は莫大な額になるでしょう。

日本の場合、一度だけ宗教に対する厳しい土地政策が実施されたことがあります。それが、明治政府が明治4（1871）年と同8（1875）年に出した上知令《じょうちれい》（「あげちれい」とも。江戸時代に老中水野忠邦《みずのただくに》が出したものとは異なる）です。それまで寺社領として認められていたものを、地租《ちそ》（土地に対する金納の固定税）を徴収するために国が取り上げてしまったのです。

明治政府は当初、税制の中心に地租を置きました。その後は、さまざまな税を生み出し、増やしていきました。特に対外戦争の際には、各種の税金が新設されます。たとえば、相続税は日露戦争（1904〜1905年）以後に徴収されるようになりました。ただ、2%程度と低率だったため、財閥や大土地所有者の出現・集中を促した側面がありました。逆に、戦後は昭和25（1950）年に最高税率を90%にするなど、相続税を上げたために大土地所有者が激減しました。

相続税率の引き上げだけでなく、昭和20（１９４５）年と同21（１９４６）年に行われた農地改革も、大土地所有者に打撃を与えました。多くの農地が解放され、自作農が生まれたのですが、寺社が農地として貸し出していたものも奪われました。

ただ、都市と地方では事情が異なります。都市は農地が少なかったために影響が少なかったのですが、地方の寺社のなかにはほとんどの土地を失うところもありました。都市部でも、浅草寺《せんそうじ》（東京都台東区）は、店舗が並ぶ仲見世《なかみせ》の土地を東京都に没収されましたが、今は浅草寺に戻されています。富岡《とみおか》八幡宮（東京都江東区）も周囲に土地を持っていて、その収入を巡って殺人事件（２０１7年）が起きたのではないかとも言われています。

いずれにせよ、宗教には金が集まるのに、宗教活動にはまったく課税されません。ただし、宗教に課税されないのは現代に限ったことではありません。はるか昔からのことで、その伝統の上に現在の税制ができているのです。

寄進のカラクリ

大事なことは、宗教が持つ土地に課税されないことです。これは日本だけではなく、世界的な傾向であり、昔からそうでした。そのことを利用して行われたのが寄進、とりわけ土地の寄進です。

日本では平安時代以降、開発領主など土地所有者が貴族などに土地を名目だけ寄進し、荘官《しょうかん》として利権を確保するようになりました。これが荘園《しょうえん》（寄進地系荘園）です。利権とは、いわゆる「不輸《ふゆ》（租税の免除）・不入《ふにゅう》（官吏の立ち入りを拒否）の権《けん》」のことです。

その後、寺社にも寄進されるようになります。

寺院は経済活動をする場所ではないので、建立する際には建築費以外の費用、すなわち運営費のために、併せて土地を寄進するのが一般的です。土地から上がる収益で、維持・管理費を賄うわけです。たとえば、鎌倉中期の地頭・波多野義重《はたのよししげ》（生年不詳〜1258年）は所領だった越前国《えちぜんのくに》（現福井県北東部）の志比荘《しひのしょう》を道元に寄進し、道元はその地に傘松《さんしょう》峰大仏寺《ぼうだいぶつじ》を開創《かいそう》しました。のちの永平寺です。

寺社に寄進すれば、その土地に関して税金を払う必要がなくなりますし、宗教的に善行をしたとしての満足感も得られるので、積極的に寄進が行われるようになりました。それによって、有力な寺社は経済力を高めていきます。これはキリスト教世界でも同様です。

宗教が大きな力を獲得したのは、土地の寄進によるものと言っても過言ではありません。

「南都北嶺《なんとほくれい》」と呼ばれた興福寺《こうふくじ》（710年に藤原不比等《ふじわらのふひと》が創建した法相宗《ほっそうしゅう》大本山。現奈良県奈良市）と延暦寺《えんりゃくじ》（788年に最澄《さいちょう》が創建した天台宗総本山。現滋賀県大津市《おおつし》）、この二大寺院が大きな力を持ったのも、盛んに寄進を受けたからです。興福寺の場合、何と大和国《やまとのくに》（現奈良県）ほぼ全部の荘園を所有していたこともありました。大和国の税金は、興福寺を通して徴収されてい

牛王宝印《ごおうほういん》

熊野本宮大社で頒布されている熊野牛王神符《しんぷ》（牛王宝印）

（個人蔵）

たのです。

宗教が力を持った背景には、宗教が持つ神秘性もあります。149ページの図は、寺社が出した厄除《やくよ》けの護符《ごふ》で、「牛王宝印《ごおうほういん》」と呼ばれます。よく知られているのが、熊野三山《くまのさんざん》（熊《くま》野本宮大社《のほんぐう》、熊野速玉大社《くまのはやたま》、熊野那智大社《くまのなち》）から授与されたものです。

身に着けたり、門口《かどぐち》に貼ったりするのですが、中世以降は起請文《きしょうもん》を書く用紙としても使用されました。たとえば、一揆《いっき》などを行う場合に起請文が書かれ、「一味同心《いちみどうしん》」が誓《ちか》われました。参加者全員が神に誓って約束を守る、というわけです（勝俣鎮夫『一揆』）。具体的には、表《おもて》に○○を行うなどの誓いを書きます。裏には図のような法印が印刷されています。これは「烏文字《からすもじ》」と言われ、烏の姿を図案化したものです。誓いを破った者がいれば、烏が一羽死んで、違約者にも神罰《しんばつ》が下る、とされました。

現代なら「迷信」の一言で片づけられるところでしょうが、昔の人々は本気で信じていました。それだけ、宗教には神秘性を帯びた権威があり、それが契約を守らせることにつながったのです。

仏教vs.神道

京都の八坂《やさか》神社（京都府京都市）はスサノオノミコトと同体とされる牛頭天王《ごずてんのう》を祀り、全国に約２３００ある祇園信仰の本社です。かつては祇園社《ぎおんしゃ》と称していましたが、明治元（１８６８）年の神仏分離令により、八坂神社と改称されています。有名な祇園祭《ぎおんまつり》は、祇園社が平安時代に行った疫病の平癒《へいゆ》を祈願した御霊会《ごりょうえ》が起源とされます。

かつて、京都の多くの土地は祇園社に寄進されたものでした。当初、その祇園社を支配下に置いたのが興福寺です。背景には、日本独自の神仏習合《しんぶつしゅうごう》の信仰があります。

日本固有の神の信仰と外来の仏教信仰を融合・調和を目的とした神仏習合は、奈良時代に始まりました。１つの例が、神社の境内に建立された神宮寺《じんぐうじ》です。仏教側は、神社に祀られている神が神の地位にあるのは罪業《ざいごう》（カルマ）による結果であり、そこから逃れるには仏法の力を必要とし、神は仏道修行による解説を願っている——としたのです。僧形《そうぎょう》八幡神像《はちまんしんぞう》などもつくられました。東大寺の木造僧形八幡神坐像《もくぞうそうぎょうはちまんしんざぞう》（快慶《かいけい》作、国宝）は、僧侶の姿をした八幡神が錫杖《しゃくじょう》を持っているもので、仏像にしか見えません。

やがて僧侶が神社を管理し、神前《しんぜん》でお経を読むようになります。その形態を今に伝えるのが、春日大社《かすが》（奈良県奈良市）の「日供始式並興福寺貫首社参式《につくはじめしきならびにこうふくじかんすしゃさんしき》」です。これは、毎年1月2日に興福寺の貫首《かんす》以下僧侶たちが、春日大社の本殿で唯識《ゆいしき》の教えを説き、経を読む行事です。

さらに、「本地垂迹説《ほんちすいじゃくせつ》」が提唱されるようになります。神は仏が権《かり》の姿で現れたものとする考え方ですが、明らかに仏が優位に立っています。つまり、神仏習合とは仏教側が土着の神道を取り込んだところに生まれたものなのです。

祇園社はその後、興福寺と争って勝利した延暦寺の支配下に置かれます。そして高利貸しなども行うようになり、延暦寺はそれによって京都で大きな力を持つようになりました。

中世史学者の義江彰夫《よしえあきお》さんは、祇園社を次のように説明しています。延暦寺が鎮座する比叡山《ひえいざん》の東山麓《ひがしさんろく》にある日吉大社《ひよし》（滋賀県大津市《おおつ》）は平安後期以降、延暦寺の支配と保護を受けていました。その神人《じにん》（神社に奉仕する下級の神職）は商工業・運輸業の他、高利貸し業も営むようになります。いっぽう、感神院《かんしんいん》（祇園社の神宮寺）も、延暦寺の支配下にありました。同院は神社としては日吉大社の末社、寺院としては延暦寺の末寺と位置づけられ、両寺社の強い統轄下に置かれたのです（義江彰夫「日本の中世都市と寺社勢力」）。

こうして、延暦寺は経済力を蓄え、それによって僧兵《そうへい》という軍事力まで抱えるようになります。そして朝廷や幕府に不服があれば、日吉神社の神輿《みこし》を担《かつ》いで要求を通す「強訴《ごうそ》（嗷訴）」まで行うようになりました。神仏の力を背景にしていることがバックボーンになっているわけですが、これはキリスト教の教会も同様です。

公家や武家と並ぶ権力

比叡山には僧侶以外にも、商工業などを営む神人や宗徒たちが集まってくるようになり、境内都市《けいだいとし》が誕生しました。

空海《くうかい》（774〜835年）によって開かれた、真言宗総本山の金剛峯寺《こんごうぶじ》（現和歌山県伊都《いと》郡高野町《こうやちょう》）が鎮座する高野山《こうやさん》も同様です。現在、南海高野線の極楽橋《ごくらくばし》駅を降りてケーブルカーに乗り、高野山駅前からバスに乗り換えて高野山の中心に行くと、お土産屋はもちろん、居酒屋など飲食店が軒《のき》を連《つら》ねています。その光景は、南海電鉄のCMに出てくる山中の静寂なイメージとかけ離れていて、驚かされます。しかし、室町時代には今よりもはるかに多くの僧坊《そうぼう》が存在し、多くの住人を抱えていました。そうなると、商工業も発達します。高野山は宗教都市であり、商業都市であり、工業都市でもあったのです。

真言宗系の根来寺《ねごろじ》（現和歌山県岩出市《いわでし》）などは鉄砲（火縄銃《ひなわじゅう》）をつくっていました。今で言う軍需産業です。鉄砲で武装した僧兵である根来衆《ねごろしゅう》は戦国武将に請《こ》われて、戦働《いくさばたら》きをすることもありました。寺院が傭兵集団を抱えていたことになります。

有力寺院の境内は「無縁所《むえんじょ》」と呼ばれ、官吏の立ち入りだけでなく、警察権の行使さえも拒絶しました。そのため、源義経《みなもとのよしつね》（1159〜1189年）や後醍醐《ごだいご》天皇（1288〜1339年）など、時の権力と敵対した者が匿《かくま》われただけでなく、犯罪者や生活困窮者が身を寄せたりしました。

こうして、神仏の力を背景に経済力や軍事力までを備えた寺社は、公家や武家と拮抗《きっこう》するまでになりました。黒田俊雄《くろだとしお》さんは、天皇の下に公家、武家、寺社があり、三者が相互補完関係にあったと説明しました。いわゆる「権門体制論《けんもんたいせいろん》」です。

寺社勢力は、のちに織田信長《おだのぶなが》（1534〜1582年）などの戦国大名たちと激しく争うことになります。

教会領の誕生

続いて、キリスト教における寄進を見てみましょう。日本の仏教と同じように、キリスト教でも教会を建てる時には通常、土地が寄進されました。キリスト教信仰がヨーロッパに広がっていくなか、王や貴族たちはこぞって教会や教皇に土地を寄進し、それらは教皇領、教会領となりました。教会の司教は宗教活動を行うだけでなく、寄進された動産・不動産を管理する役目も担うようになります。

７世紀、教会領は「インムニテート」という特権を得ます。これは日本の荘園における不輸・不入の権にあたるもので、公的な負担が免除され、公権力の行使を拒否することができます。たとえば、教会に逃げ込んだ者は神の所有物と見なされ、これに害を加える者は罰があたると考えられました。日本の駆け込み寺と同じです。

寄進以外にも、教会は自ら開墾して、収穫物などを売って収益を上げるようになります。公会議では6世紀以降、教会領は譲渡できないと繰り返し宣言され、子のいない司教の財産相続人は教会とすることも習慣化します。その結果、７世紀末にはフランク王国の

3分の1が教会領になっていました。

莫大な利益を上げたシトー会

キリスト教と金の関係において重要な役割を果たしたのが、修道院です。第1章で述べたように、修道院は初期のキリスト教のあり方、すなわち祈り働くために設けられました。しかし清貧を実践しながらも、前述のように収穫物で収益を上げるなど、次第に経済活動に手を染めるようになっていきました。

その具体的な例として、第1章で取り上げたシトー会を見てみましょう。シトー会は、大勢力となったクリュニー会は本来、修道院が実践すべき清貧から外れているとして非難し、対抗するために誕生しました。そのため、自給自足を原則としていました。

しかし、収穫物に余剰が生まれれば、修道院の外に出て、市場などで交換・販売する必要が生じます。やがて、それらの貯蔵・保管のため、都市に都市居館という拠点をつくるようになりました。シトー会に限らず、修道院はおおむね人里離れたところにあるため、襲われたり、盗まれたりしたからです。都市のほうが安全でした。さらに、都市居館は修道士の宿泊や、保管した収穫物を季節や価格変動を考慮して販売することができるなどの利点もあります。

販売する品目も農産物だけでなく、皮革製品、ワインと広がっていきました（クヌート・シュルツ『シトー修道会と都市』）。

ドイツ南部ノイブルクにあったシトー会の修道院は1195年、神聖ローマ帝国の皇帝・ハインリヒ6世（1165～1197年）から、ワイン取引に関する関税特権を得ます。皇帝の個人的な信仰にもとづくものでしたが、やがてライン地方の領主たちもそれを受け入れるようになりました。しかも、良質なワインをつくるブドウの栽培地域は限られており、修道会でつくられるワインは珍重されました。

シトー会の修道院でつくったワインを積んだ船が年に1回、大都市ケルンまで下り、そこで販売されました。帰りにはニシン、塩、バターなどを積んで帰ってきます。関税がかからないこともあり、莫大な利益を上げました。シトー会は13～14世紀になると、修道の理想を隠《かく》れ蓑《みの》に利欲を隠し持ち、金銭に飢《う》えた商人たちのようにふるまっているなどと批判されるようになりました。

右手で布教、左手で貿易

日本でも知名度の高いイエズス会は1534年、スペインの修道士イグナティウス・ロヨラ（1491～1556年）らによって創設されたカトリックの修道会です。当時、すでに始まっていた宗教改革（16世紀に始まった大変革でカトリックとプロテスタントに分かれた。次章で詳述）への対抗の意味合いがありました。そこで、イエズス会は東洋への布教に力を入れたのです。1540年には教皇に正式に認可されています。国として最初に支援を行ったのが、ポルトガルです。現在、日本には上智大学、エリザベト音楽大学など、イエズス会が開設したり、経営に携わったりしている学校があります。

イエズス会の創立メンバーの1人であり、日本にはじめてキリスト教を伝えたのが、フランシスコ・ザビエル（1506頃～1552年）です。ザビエルは天文《てんぶん》18（1549）年、鹿児島に上陸し、戦国大名・島津貴久《しまづたかひさ》（1514～1571年）の庇護のもと、布教を開始します。彼は布教に際して、末端から信者を増やしていくのではなく、権力者に布教を認めさせることが先決だと考えました。そのため、京都に赴くと朝廷や幕府への接触を試みますが、叶《かな》いませんでした。

ザビエルはその後、周防国《すおう》（現山口県東部）など7カ国を領していた戦国大名・大内義隆《おおうちよしたか》（1507〜1551年）のもとに身を寄せます。当初、献上品を平戸《ひらど》に置いてきてしまったため、謁見できなかったのですが、日本にはない時計、眼鏡、鏡、小銃などを平戸から持ってきて献上したところ、謁見に成功し、布教を許可されます。

布教には献上品や資金が必要であり、それを調達するために目をつけたのが、貿易です。品目としては、火縄銃や中国産の生糸《きいと》などの需要が高かったようです。ザビエルは来日時に、ヨーロッパでは希少価値があり、値《ね》が高かった胡椒《こしょう》を持ってきましたが、日本ではあまり受け入れられなかったようで、胡椒はだめだと本国に伝えています。ザビエルは中国への布教の途上で客死《きやくし》しますが、彼の後継者たちも貿易を行い、日本における南蛮貿易《なんばんぼうえき》（主にポルトガル船）の基礎を築いていきました。

このように、修道士であると共に商人としても活動することが、イエズス会の戦略でした。言うならば、右手で布教、左手で貿易です。当時、このような方法を取った修道会はありませんでした。そのため、他の修道会からは、イエズス会は金儲けをしているだけではないか、との批判も起こっています。この頃は大航海時代であり、ポルトガルは急速に勢力を広げていました。イエズス会も、その流れに乗ったわけです。

肥前国《ひぜんのくに》（現佐賀県・壱岐《いき》市と対馬《つしま》市を除く長崎県）の大村《おおむら》の領主であり、キリシタン大名の大村純忠《おおむらすみただ》（1533〜1587年）は天正《てんしょう》8（1580）年、前年に南蛮貿易の港として開かれた長崎をイエズス会に寄進します。教会領になったのです。天正15（1587）年に豊臣秀吉《とよとみひでよし》（1537〜1598年）がバテレン追放令《ついほうれい》を出して没収するまで、長崎はイエズス会が統治していました（安野眞幸『教会領長崎』）。要するに長崎は、日本国内の土地でありながら日本のものではなくなったわけです。

秀吉がなぜキリスト教を邪法として禁じたのか、本人が明言していないのでわかりませんが、この件も脅威の1つだったと考えられます。国内に、他国の領主が管理・所有する地域が増えていけば、それは国の乗っ取りにもつながり、重大な問題になります。そうでなくても、当時は寺社勢力が強く、新たな宗教勢力としてキリスト教が加わることは、権力者にとって好ましいことではありませんでした。

天下人《てんかびと》となった織田信長、豊臣秀吉、徳川家康《とくがわいえやす》（1542〜1616年）は、寺社勢力のコントロールに力を注ぎ、権力掌握を果たしていきます。その意味では、秀吉がキリスト教を禁教にしたことは、天下を治めるうえで重要な判断だったと言えます。

ここまで、こうした土地の問題とは別に、利子の禁止という神の命令をいかに回避するかに、特に一神教の世界が腐心してきた様子も見てきましたが、それについて大きな転換が十字軍以降に見られます。そこで浮上してくるのが為替《かわせ》という手段です。このことは、やがてキリスト教世界における資本主義の形成にも結びついていくのです。

第6章

為替を生んだテンプル騎士団、聖職で稼ぐメディチ家

十字軍による聖地回復

現在、イスラエルが首都と称しているエルサレムはユダヤ教、キリスト教、イスラム教の聖地とされ、それぞれの宗教の巡礼地になっています。

イスラエルは638年にイスラム勢力による征服後、その支配下にありました。ここまで何度か述べてきたように、当時イスラム世界は進んだ技術・文化を持ち、キリスト教世界を圧倒していました。これに対し、11世紀の終わり、キリスト教世界が聖地回復を掲げて行った軍事遠征が十字軍です。

発端となったのは、セルジューク朝によるアナトリア（現トルコのアジア側）進出にさらされていたビザンツ帝国（東ローマ帝国）の皇帝アレクシオス1世（1048あるいは1056〜1118年）から教皇ウルバヌス2世（1042頃〜1099年）に出された救援要請です。ウルバヌス2世はそれに応《こた》え、聖地回復を目的とした聖戦《せいせん》を唱えます。1096年、第1回十字軍が派遣されました。十字軍とはあとからそのように呼ばれたもので、兵士たちが胸に十字架の印をつけたことに由来します。

ウルバヌス2世は当初、この遠征は「旅」「巡礼」であり聖地回復は「贖罪」である、と煽《あお》りました。これらの言葉は、キリスト教徒たちに魅力的に響いたのです。少なくとも、行動を起こす大義になりました。前述のように、キリスト教には原罪の考えがあり、罪を背負ったまま亡くなれば地獄に落とされると信じられていたからです。

仏教の教えに浄土《じょうど》と地獄《じごく》がありますが、具体的な説明は浄土よりも地獄のほうが圧倒的に詳しくなっています。地獄に落ちると、いかに悲惨な目に遭うかということが繰り返し語られてきたのです。たとえば、天台宗の源信《げんしん》（恵心僧都《えしんそうず》。942～1017年）は「極楽往生するには念仏を唱えなくてはならない。そうしなければ地獄に落とされる」と説きました。その著書『往生要集《おうじょうようしゅう》』には、八大地獄のことが詳しく描写されています。これだけ恐がらせておけば、念仏を唱えて往生を目指すだろう、というわけです。これは人間の本質に根差すものかもしれませんが、宗教は東西を問わず、信仰を促すために地獄や世界の破滅を持ち出してきました。

ウルバヌス2世の意図は、聖地回復以外にもありました。というより、そちらが真の目的だったようです。それは、神聖ローマ帝国の皇帝との叙任権闘争《じょにんけんとうそう》（後述）を有利に進めること、1054年に分離した正教会の統合などです。また、参加した騎士や商人のなかには、経済的利益を目的としていた者もいました。また、祖国でうだつの上がらない者が一攫千金《いっかくせんきん》を目指したケースもありました。

これら、さまざまな思惑や宗教的情熱のもとに派遣された、第1回十字軍は成功し、エルサレムを奪回します。遠征から3年後の1099年、エルサレム王国が建国されます。同国はキリスト教国家としてヨーロッパの封建制度を導入し、国王が残留した諸侯に封土《ほうど》を与える形式を取りました。エデッサ伯国《はくこく》、アンティオキア公国《こうこく》、トリポリ伯国などです。これは単に聖地を回復しただけではなく、ヨーロッパの勢力による領土拡大でもありました。

為替の誕生

エルサレム王国ができると、ヨーロッパ中からエルサレムに訪れる巡礼者が増えました。そこには教会側の後押しもありましたが、やはりキリスト教徒の願いである贖罪を求めることも重要でした。そして、巡礼者の護衛を目的につくられたのが、教皇直属の騎士修道会です。

そのなかでもっとも有名なのが、１１１９年に結成されたテンプル騎士団《きしだん》です。エルサレムのソロモン神殿跡を拠点としたため、「テンプル（寺院）」の名が冠されました。団員は騎士（戦闘では騎乗して戦う戦士階級。小領主層が多くを占めた）身分以上の者が多かったのですが、重要なことは、彼らが資産管理などを行ったことです。

古今東西共通することですが、戦記には華々しい戦闘については詳しく述べられていますが、お金のことはあまり出てきません。しかし、戦争するには物資や資金が大量に必要になります。そのお金を誰が預かり、戦地まで持って行くのか、またはどう使うのかはきわめて重要です。いわゆる兵站《へいたん》ですが、それを担当したのがテンプル騎士団など騎士修道会でした。

巡礼者たちは、ついこの間まで敵地だったところに行くわけですから、現金の持ち歩きなどは危険です。そこでテンプル騎士団は預金通帳のようなものを用意して、ヨーロッパで預けた金をエルサレムで受け取れるようにしました。今で言う自己宛為替手形《じこあてかわせてがた》やＡＴＭです。団員のうち、前線で戦うのは数％で、残りは兵站や経済にかかわったとする研究者もいます。

1146年、フランス国王・ルイ7世（1120〜1180年）は、テンプル騎士団に広大な土地を寄進します。その後も、ヨーロッパの諸侯の寄進が相次ぎます。こうしてテンプル騎士団は財を蓄え、前述の金融システムをさらに充実させただけではなく、従軍する人間たちにお金を貸すようになりました、借りる側にすれば、今は手元不如意《ふにょい》でも、従軍して成功すれば領地がもらえるだろうと皮算用《かわざんよう》をしたわけです。

巡礼者たちがテンプル騎士団に金を預けた背景には、修道会への信頼もありました。修道会のものは神のものであり、修道会はそれを管理しているにすぎません。修道士たちは金を預かっても、それを自分のものにすることはできません。それどころか、入会時には私財を擲《なげう》っています。修道会に金が集まったのは、これらの信用が担保《たんぽ》になっていたからです。

聖遺物を持ち帰る

1147年、第2回十字軍が派遣されます。エデッサ伯国が1144年にイスラム勢力に滅ぼされ、その領土回復が目的でした。

当初、アラブ人たちは十字軍の行動の意味をはかりかねていました。何のために大挙して押しかけてくるのか、それがわからなかったのです。アラブ側は、ヨーロッパ側を「十字軍」ではなく「フランク」と呼んでいました。第1回十字軍がフランスの諸侯を中心に構成されていたことから、そう呼ぶようになったのです。

しかし、やがて聖地回復が目的であることがわかり、それにともなって、対応方法もわかってきました。遠征には相当な時間がかかりますから、その間にアラブ側は情報を摑《つか》むことができます。有効な反撃もできるようになり、次第に十字軍は劣勢に追い込まれていきました。結局、第2回十字軍はダマスカス（現シリアの首都）攻略に失敗するなどして、撤退しています。十字軍はその後も続き、第9回（数え方には諸説あり）まで派遣されましたが、思うような成果は上がらず、エルサレム王国は1291年に滅亡します。

第2回以降の失敗には、第1回のような宗教的情熱が後退し、教皇や騎士、商人たちの経済的欲求やそれぞれの思惑が絡んだからであったことは間違いありません。

実際、第2回の時も目的とされたエデッサ伯国には向かっていませんでした。第4回では、ビザンツ帝国のコンスタンティノープル（現トルコのイスタンブール）を攻め落とすようなこともしています。ビザンツ帝国は正教会ではありますが、同じキリスト教国家であり、そもそも十字軍派遣はビザンツ帝国からの要請に応える形で始まりました。第1章でも触れたように、異端であるカタリ派を攻めるアルビジョワ十字軍が送られるようなことまでありました。

このように、聖地回復という大義を掲げて始まった十字軍は、徐々に変容していきました。聖遺物の持ち帰りなどもその1つです。第2章でも触れたように、中世ヨーロッパでは聖遺物への崇敬が高まりました。聖遺物を拝むと罪が贖われると信じられたのです。十字軍は、エルサレムなどアラブの地から多数の聖遺物を持ち帰っています。アラブ側からすれば略奪ということになります。

ただ、それらが本当に聖人の骨かどうかはわかりません。DNA鑑定などもないので、確かめようもありません。当時は土葬だったので、墓などを掘れば人骨は出てきました。それらを聖遺物として持ち帰り、○○聖人の聖遺物であるとして教会に祀ったのです。聖遺物があれば、それを拝むために信徒が来て教会は繁昌しますし、拝んだ人たちは贖罪に与《あずか》ることができます。

聖遺物のなかでよく知られるものに「ロンギヌスの槍《やり》」があります。これは「聖槍《せいそう》」とも言われ、十字架にかけられたキリストの体を突いた槍のことです。ロンギヌスはキリストを刺した兵士の名前で、彼はのちに洗礼を受けて殉教したため、聖人の扱いを受けています。十字軍の時代にそのようなものが残っていたとはとても考えられないのですが、中世以降、複数見つかっており、現在もバチカン市国のサン・ピエトロ大聖堂に保管されています（非公開）。

テンプル騎士団のネットワーク

十字軍の変容と共に、テンプル騎士団の活動も変化していきました。遠征において成果が上がらなくなったので、所領の経営に力を入れるようになったのです。テンプル騎士団は12世紀後半の段階でヨーロッパと西アジアに10以上の管区があり、管区ごとに修道院や農地がありました。そこで収穫された農産物を販売して利益を上げています。これは、前章で見た修道院と同じです。

特筆すべきは、金融業務です。テンプル騎士団による財産管理は前述のように信用されたため、巡礼者や従軍者以外にも顧客が増えていきました。お金以外にも宝石なども預かるようになり、預金業務のみならず、資産運用まで行うようになりました。さらに、王室の口座を管理し、財政を担うようになると、王室や貴族が経済的に依存するようになりました。口座振替を利用した定期振込も始めます。

イタリア商人との取引も始めています。具体的には、イタリア商人と十字軍の仲介役となり、現金輸送の危険を回避するために事実上の為替取引を行いました。当然ですが、手数料が発生します。それは利子と捉えることもできますが、不思議なことにテンプル騎士団がそのことで非難された形跡はありません。これはまだ時代が早く、商品経済が十分に発達していなかったので、利子もさほど問題にならなかったようなのです。トマス・アクィナスやオリヴィが利子について考察をするようになるのは、テンプル騎士団末期の時代でした。

イタリア商人にとって、ヨーロッパと西アジアを股にかけて活躍するテンプル騎士団のネットワークは貴重であり、魅力的なものでした。これにより、イタリアの海港都市《かいこうとし》が内陸に進出するきっかけとなりました。

こうして、12世紀から13世紀にかけて、テンプル騎士団は莫大な資産を形成しました。そしてヨーロッパから中東に至る地域に多くの土地を保有し、教会や城砦を築き、ブドウ畑や農園を経営しました。ついには自前の艦隊まで持ち、キプロス島を所有するまでになりました。しかし１３０７年、その勢力を危険視したフランスのフィリップ４世（１２６８～１３１４年）がほとんどの団員を逮捕すると、拷問のうえ、処刑してしまいます。これは、無実だったとも言われますが、テンプル騎士団の財産は没収され、解散させられることになりました。

金融業で君臨したメディチ家

テンプル騎士団が解散に追い込まれてから１００年後、イタリアで大きな力を持ったのがメディチ家です。メディチ家のルーツは薬屋と言われていますが、はっきりしません。飛躍のきっかけとなったのは14世紀の終わり、ジョヴァンニ・デ・メディチ（１３６０頃～１４２９年）がフィレンツェで銀行業に参入したことです。のちのメディチ銀行です。ここでも為替取引が行われたのですが、テンプル騎士団の時代とは違い、それが利息を取ることと同じではないかと考えられるようになります。

当時、メディチ銀行よりも大きな銀行はありましたが、独自な経営スタイルでそれらを凌駕《りょうが》し、大銀行へと成長していきました。その特徴は、支店ごとに資本と帳簿を持たせ、各支店をフィレンツェ本部の総支配人が統括したことです。こうすることで、各支店が地域の実情に合った経営をすることができると同時に、1つの支店の失敗が銀行全体におよぶことを回避することができました。

最大の顧客は教皇庁で、その収益はメディチ銀行全体の収益の50%を超えていました。今で言うメインバンクであり、のちに徴税事務や資金輸送まで請け負うようになります。

ジョヴァンニの子コジモ・デ・メディチ（1389〜1464年）が当主になると、支店はヨーロッパ各地に広がりました。彼は蓄積された富を土地に投資することで、財政の安定をはかります。反対勢力によってフィレンツェを追われたこともありましたが、市民からの希望もあり、すぐに復帰しています。以後は政治の表舞台に出ることはありませんでしたが、隠然たる力を保持しました。富を芸術家の保護などにも使ったコジモは死後、「祖国の父」の称号を贈られています。

その孫ロレンツォ・デ・メディチ（1449〜1492年）の代に、メディチ家は繁栄の頂点を極めます。その後、レオ10世（1475〜1521年）、クレメンス7世（1478〜1534年）という2人の教皇やフランス王妃カトリーヌ・ド・メディシス（1519〜1589年）などを輩出し、16世紀にはトスカナ大公として領主になりましたが、1737年に断絶しています。

利子を禁じられていたなか、メディチ銀行はどのようにして利益を上げたのでしょうか。この時代になると、商品経済も発達し、そのなかで利子を取ることが議論を生むようになっていったのです。では、その手法について、『神からの借財人 コジモ・デ・メディチ』（西藤洋）に掲載された事例から紹介します（同書では銀行との名称は用いていない）。

イギリスの商人A氏は滞在中のイタリア・フィレンツェで、ロンドンに持ち込めば高く売れそうな毛織物《けおりもの》を見つけました。購入するには1000f（フィオリーノ）が必要ですが、手持ちの金がありません。A氏はフィレンツェのメディチ銀行を訪ねて資金提供を要請したところ、為替手形を振り出すことを条件に資金を得るのです。その内容は、次のようなものでした。90日後までにロンドンにおいて同等の金額を£（ポンド）で、ただし1

f＝80Ｐ（ペンス）でメディチ銀行ロンドン支店あるいは指定する者に支払うことを約束するというものです。１f＝80Ｐは、為替手形が振り出された時点におけるフィレンツェでの為替レートです。

いっぽう、イタリアの商人Ｍ氏は滞在中のロンドンで、フィレンツェに持って行けば高く売れそうな羊毛を見つけますが、購入資金８万Ｐがありません。そこでメディチ銀行のロンドン支店に資金提供を求め、次のような為替手形を振り出すことで資金を獲得しました。その内容は、90日後までにフィレンツェにおいて同等の金額をfで、ただし１f＝72Ｐでメディチ銀行あるいは指定する者に支払うことを約束する、というものです。

メディチ銀行はこの２つの取引で１１１f、率にして約11％の利益を得たことになります。つまり、為替差益で儲けたわけです。ただ、これは必ずしも儲かるとは限りません。為替レートに大きな変動があれば、損失を被《こうむ》る可能性もあります。それを避けるために、メディチ銀行では、各支店から為替情報を不断に取り寄せていました。

この取引で得た利益が利子にあたるか、疑わしいところですが、メディチ銀行が糾弾されるようなことはなかったようです。為替取引の仕組みが難しく、教会には十分な判断ができなかったのです。

聖職は金になる⁉

メディチ銀行が利得を得た「初年度献上金」についても紹介しましょう。初年度献上金とは、新たに叙階《じょかい》（カトリック教会で司祭、司教などの聖職位を授けること、および儀式）された聖職者が教皇庁に納付する献上金のことで、教皇庁の恒久的な主要財源の１つでした。

なぜ、このようなお金を払うかというと、聖職者になると儲かるからです。聖職者に叙階されると、聖職禄《せいしょくろく》が付与されます。聖職禄とは、教会領で徴収される税や献納物を受領する権利のことです。要するに、利権です。ということは、聖職者を任命する人や組織に金と権力が集中することになります。そして、聖職者を誰が任命するか——。これについて争ったのが、いわゆる叙任権闘争です。叙任権闘争はキリスト教史において重要な位置を占めていますので、メディチ銀行がかかわった初年度献上金を紹介する前に説明します。

教会は寄進などによって所領が増えるにつれ、経済力が増していきました。同時に聖職者の社会的・経済的な価値も高まりました。そうなると、なかには、聖職を金銭で買おうとする者も出てきます。このような聖職売買をキリスト教では「シモニア」と言い、禁じました。シモニアは、『新約聖書』に登場する魔術師シモンが聖霊の力を金銭で買い取ろうとした故事に由来します。

カトリック教会では現在、教皇が聖職者を任命しますが、もともとはローマ帝国の皇帝が任命しており、古代以降、神聖ローマ帝国の皇帝（神聖ローマ皇帝）が任命することもありました。また、教会に土地を寄進した王が任命することも少なくありませんでした。スポンサーの強みです。しかし、教会の力が強まると、世俗の権力者から任命権を取り戻そうとしました。

この問題には、聖職者の妻帯を意味する「ニコライスム」も関係しています。聖職者が妻帯して子どもが生まれると、聖職が相続されることになるからです。教皇側はシモニアやニコライスムを否定しますが、世俗権力の反発もあり、意のままになりません。やがて教皇と神聖ローマ皇帝の闘いが激しさを増していきました。

それを象徴するのが、1077年に起こった「カノッサの屈辱」です。教皇グレゴリウス7世（1020頃〜1085年）は、神聖ローマ皇帝ハインリヒ4世（1050〜1106年）の叙任権を否定して破門にしました。するとハインリヒ4世は、グレゴリウス7世が滞在していた北イタリアのカノッサ城において3日間、雪中で赦《ゆる》しを乞《こ》いました。この時、ハインリヒ4世はわざわざ修道士の服を着用したと言います。その結果、破門が解かれました。

教科書ではここで説明が終わるので、皇帝（俗権）が教皇（教権）に屈したことが強調されていますが、これには続きがあります。屈辱に耐えかねたハインリヒ4世はグレゴリウス7世をローマから追放したのです。それだけ、闘争は激しかったわけです。そして約50年後の1122年、ヴォルムス協約によって叙任権は教皇が握ることになりました。しかし、教会の土地への授封《じゅほう》は皇帝が行うなど、皇帝の権限も残りました。

こうして、聖職者の任命は教皇によってなされることとなり、初年度献上金が慣例化していきました。この政策を推し進めたのが、前述のグレゴリウス7世です。

新たに聖職者になる人が初年度献上金を払うといっても、多額の現金を持っていることは稀だったので、融資をメディチ銀行などに頼るようになりました。前掲の『神からの借財人 コジモ・デ・メディチ』には、次のような事例が掲載されています。

ある聖職者がブリュージュ（現ベルギー西フランドル州の州都ブリュッへ）近郊の司教に叙階されると、彼はメディチ銀行ローマ支店を訪れ、初年度献上金の立て替えを依頼します。するとローマ支店は、次のような為替手形を振り出すよう求めます。着任後、決められた期日までに立て替え相当額を当該地の通貨によってブリュージュ支店に払い込むことを約束する、というものです。

前項で紹介した商人の例と同様、為替差益を得ようとしているわけです。さらに、聖職者が実際に払い込む金額は、立て替え相当額に「贈り物」としての金額が上乗せされました。贈り物ですから自発的な行為です。聖職者は拒否できず、強制に近いものでした。

巨額な贈り物が期待できる聖職者の叙階がなされると、メディチ銀行は初年度献上金の立て替えを取り扱えるようにと、教皇庁の関係筋に賄賂《わいろ》を配るようなこともしたようです。

メディチ銀行は「乾燥手形」という形式を取ることもありました。これは、前項の毛織物や羊毛などのような商行為を名目に資金を提供しますが、実際には商行為は行われず、お金だけが動く仕組みです。つまり、実質的な利子をともなう融資です。こうしたことが大っぴらに行われるようになっていきました。これらの行為を、フランチェスコ会の神学者ベルナルディーヌ（１３８０〜１４４４年）やフィレンツェの大司教アントニヌス（１３８９〜１４５９年）などは厳しく咎《とが》めました。

これに対し、メディチ家では「寛恕《かんじょ》されうる収益」と捉えていました。コジモなどは自らを「神からの借財人」と自任し、贖罪の意識があれば利得も許されると考えたのです。つまり、儲けた金で教会を支え、教皇を支えるというわけです。メディチ家は富を蓄えるいっぽう、教会や修道院の造営・修理、寄進、公会議開催の働きかけなど宗教行為も行いました。それだけキリスト教社会は原罪の意識が強く、大きな利益を上げることは、贖罪がなければ正当化されないものだったのです。

金儲けに対する批判、そして宗教改革へ

メディチ家の繁栄に重なるように起こったのが、ドイツの神学者マルティン・ルター

（1483～1546年）などが主導した宗教改革です。その発端は、前述のメディチ家出身の教皇レオ10世による贖宥状《しょくゆうじょう》（免罪符《めんざいふ》）でした。贖宥状とは、教会が罪の許しを証明するものです。レオ10世はサン・ピエトロ大聖堂の建設費用を賄うため、これをドイツで販売しました。1515年のことです。

1517年、ルターはこれを批判する「九十五カ条の論題」をヴィッテンベルク城（現ドイツ・ザクセン＝アンハルト州）の教会に掲げます。九十五カ条の論題はラテン語で書かれていましたから、教会関係者は読むことはできても、民衆の多くは読めませんでした（そもそもルターは論題を教会には掲げなかったとも言われます）。つまり、ルターは教会内で議論を巻き起こすために提議したのです。しかし、これがドイツ語に翻訳され、印刷されることで一気に広がっていきました。

95条のうち、いくつかを取り上げてみます。

6　教皇は、神によって罪が赦されたと宣言すること、あるいはそれを承認すること以外には、どのような罪も赦すことはできない。また、自らに委ねられている責務に関する訴訟事項を赦すこと以外には（それゆえ、このような事項が見過ごされるなら、罪はなお残ることになる）、他のどのような罪も赦すことはできない。

21　それゆえ、教皇の贖宥によって人間はすべての罰から解放され、救われる、と説明する贖宥の説教者は誤っている。

27　お金が箱の中に投げ入れられ、そのお金がチャリンと音を立てるや否や、魂《たましい》が飛び立つ〔ともに煉獄《れんごく》を去る〕と教える人たちは、〔神の教えではなく〕人間的な教えを宣《の》べ伝えている。

36　真に痛悔《つうかい》したキリスト者であれば、贖宥の証明書なしでも、その人が当然得ることができるはずの罪と罪過からの十分な赦しをもつ。

（マルティン・ルター著、深井智朗訳『宗教改革三大文書 付「九五箇条の提題」』）

九十五カ条の論題の正式名称が「贖宥の効力を明らかにするための討論」であったように、ルターは教会が贖宥状を発行したこと、つまり原罪の観念を利用して金儲けをしようとしたことを批判したのです。宗教改革が広まった背景には、教皇および教皇庁が絶大な権力を保持していたことへの不満があり、それを代弁したのがルターだったと言えます。

宗教改革以降、キリスト教世界はカトリック（旧教《きゅうきょう》）とプロテスタント（新教《しんきょう》）に分かれました。両陣営の争いからイエズス会が誕生したことは、すでに触れた通りです。

このように、十字軍から宗教改革にかけての400年間、教会および聖職者のあり方は大きく変貌しました。いっぽう、経済活動が高まるにつれ、利子にかかわらざるを得ない場面が増えていきました。そのことに対して、常に贖罪を意識しなければならなかったのが、中世キリスト教社会です。そして、利子という問題が解決され、その桎梏《しっこく》から解放されることで、近代の扉は開いたのです。

どうやら、利子を合法化することが近代資本主義社会を切り開くことに結びついたようです。この点について、資本主義の発生をプロテスタンティズムに求めたマックス・ヴェーバーの議論が思い起こされます。なぜキリスト教世界においてだけ、資本主義が生まれ、経済学が発展したのか。次章では、それを見ていくことにします。

第7章

資本主義を生んだのは
プロテスタンティズムではない

私有財産を認めたアクィナス

本章は、ヨーロッパで資本主義が誕生した過程を取り上げます。『旧約聖書』に縛《しば》られていた神学者や聖職者は、いかにして利子や利得を認めるに至ったのでしょうか。すでにオリヴィについては第1章で見たわけですが、改めて近代にまで続く議論を追うことにします。まずは資本主義の基本となる私有財産から見ていきましょう。

キリスト教では本来すべては神のものであり、財産は共有が望ましいとされていました。ですから、私有財産を認めることは大きな問題です。この私有財産を容認したのが、ここまで何度か取り上げてきたトマス・アクィナスです。アクィナスは、私有財産を認める理由として主に3点を挙げています。

> 第一に、何びとでも万人あるいは多数者に共有的なものよりは、自分だけの権能に属するものを取得することにより大きな配慮をはらうからである。（中略）第二に、人間社会の業務は個々の人間に或《あ》る物財を取得することについての固有の配慮責任 cura propria を課した方が、より秩序正しく処理されるからである。（中略）第三

に、このことによって人々の間により平和的な状態が維持されるからである（後略）。
（トマス・アクィナス著、稲垣良典訳『神學大全18 第Ⅱ-2部 第57問題-第79問題』）

これはオリヴィの議論とよく似ており、オリヴィの共通善のことが思い起こされます。
いっぽう、商品の価格について、アクィナスは次のように述べています。

売買は両方の側の共通的利益 utilitas communis のために導入されたように思われる（中略）。しかるに共通の利益のために導入されたものは、他方よりも一方の側により大きな負担がかかるものであってはならない。（中略）それゆえに、事物をそれの価値よりも高価に売るか、あるいは安価で買うことは、それ自体として不正であり、また許されないことである。
（同右）

いわゆる「公正価格論」です。ただ、正しい価格の確定の難しさも認めています。

事物の正しい価格は時として厳密に punctualiter 確定されず、むしろ何らかの推計 aestimatio に存するのであり、したがって僅少な付加もしくは減少は正義の均等を取り去るものとは思われないからである。（同右）

さらに、商業上の利益を認めていると思われる議論もしています。

自分の金を商人あるいは職人に何らかの組合 societas を形成するような仕方で委託する者は、自分の金の所有権を後者に移譲するのではなく、それは前者のものでありつづけるのであり、したがって前者の危険において、商人はその金で取引を営み、職人は仕事をするのである。したがって、かれはそこから生じてくる利得の一部を、あたかも自分のものであるかのように要求することが正当にできるのである。（同右）

「組合（ソキエタス）」とは、ローマ帝国時代に共通の目的を達成するために相互に給付を約束して形成された組織のことです。中世後期からルネサンス期のイタリアの諸都市では、「コンメンダ」「コンパーニア」と呼ばれるパートナーシップ形態で交易が盛んに行われていました。前述のジョヴァンニ・デ・メディチは、このような環境から生まれた事業家の１人だったわけです。

利子を認めたルター

いっぽう、商取引の利己的な性格を批判したのが、前章で取り上げたルターです。ルターの著書『商業と高利』から、その主張を抜き出してみます。

商人たちは彼らの間で一つの共通の規範をもっている。「私は私の商品をできるだけ高く売りたい」と彼らが言うとき、それは彼らの最大の格言であり、あらゆる取引の基礎である。それが彼らの権利であると彼らは考えている。それはまったくのところ、次のように言っていることにほかならない。私は私の隣人については何もかまわない。ただ私の利益と欲望が満たされていさえするかぎり、私の隣人に一度に十もの被害が起きようとも、それが私に何のかかわりがあるというのだろう、と。

（松田智雄責任編集『世界の名著18　ルター』）

ルターは、これが『新約聖書』の「隣人を自分のように愛しなさい」（『聖書』マタイによる福音書22章39節）の教えに反していると非難したわけです。しかし、商業活動までは否定していません。

私は私の商品を、できるかぎり、あるいは好きなだけ高く売りたい、と言うべきではない。そうではなく、私は私の商品を私が当然そうすべき価格で、あるいは正しく公正な価格で売りたい、と言うべきである。（中略）あなたが売るという行為は、あなたがあなたの隣人に行なうわざであるから、あなたの隣人に損害や不利益のないように行なうべく、法や良心による規制を受けなければならないのである。（同右）

公正価格ならいい、と言うのです。アクィナスの「公正価格論」を引き継いでいることがわかります。重要なことは、ルターの考えがアクィナスよりも進んでいることです。それは次の部分からわかります。

要するに、これらの高利貸や不正な利子のすべてに対しては、モーセの掟《おきて》や模範に従えという以上の勧めはない。すなわち、すべての利子をふたたび整理して、一〇分の一、あるいは必要ならば、九分の一、八分の一、六分の一をとったり、売ったり、贈ったり、与えたりするようにするのである。そうすれば、すべてが立派にふさわしい状態にとどまり、すべてが神の恩恵と祝福の中に立つことになるであろう。（中略）このようなわけで、一〇分の一というのが利子の中では最善であり、この世の始めから用いられてきたのであり、古い掟の中で、神の掟と自然の法に従ったもっとも公正なものと賞賛され認められてきたものである。（同右）

ルターははっきりと利子を取ることを認めています。ここにルターの近代性があり、この開明性こそ宗教改革が多くの人から支持された理由の1つだったと思います。

プロテスタントはカトリックと異なり、正統か異端かを判断する公会議にあたるものがありません。また、カトリックのような教皇を頂点とするピラミッド型組織でもありません。つまり、教会の権力が決定的な強さを持たないのです。

ルターは教会が贖罪を与えるのではなく、信者自らが『聖書』を読み、それによって信仰を確立していくべきとし、教会から離れた信仰のあり方を追求しました。これにより、正統と異端の問題から解放されたわけで、これがキリスト教世界に大きな変化をもたらすことになりました。それと共に、経済活動に対する容認度も高まっていきました。

禁欲を重視したヴェーバー

ドイツの社会学者・経済学者マックス・ヴェーバー（1864〜1920年）は、その著書『プロテスタンティズムの倫理と資本主義の精神』において、資本主義とプロテスタントの関連を論じました。同書は、日本では『プロ倫』と略称されることが多いので、本書でもそれに倣います。

ヴェーバーはプロイセン王国のプロテスタントの家庭に生まれ、ハイデルベルク大学やベルリン大学で法学や経済史を学び、博士の学位を得てからフライブルク大学などで教《きょう》鞭《べん》を執《と》っています。『プロ倫』を発表したのは1904年、40歳の時です。

　その発想を得たのは精神を病《や》んで大学を休職し、気分転換のために出かけたイタリア旅行でのことでした。病が回復すると、彼の旺盛な好奇心は修道院の歴史に向かい、「禁欲的修道士の宗教観がプロテスタンティズムを代表にした宗教改革によって世俗外（修道院）から世俗内（職業）にひろがったという仮説を」得たそうです（竹内洋『社会学の名著30』）。

　ヴェーバーの性格は、晩年の親鸞《しんらん》（1173〜1262年。浄土真宗の開祖）のような厳格で緻密《ちみつ》な印象を受けます。親鸞は経のなかに細かい字でメモを書きましたが、ヴェーバーの『プロ倫』は本文と比較して注の多さが際立《きわだ》ちます。これは、研究者にとって参考になる点です。いかにして自分と異なる意見に反駁《はんばく》するか、論争をしかけるか、その見本のようなものだからです。ヴェーバーの批判の矛先《ほこさき》の多くは、同時代の経済学者で共に「社会科学・社会政策雑誌」の編集に携わったヴェルナー・ゾンバルト（1863〜1941年）に向けられているのですが、その内容については後述します。

　ヴェーバーは、『プロ倫』の冒頭に次のように記しています。

さまざまな種類の信仰が混在している地方の職業統計に目をとおすと、通常つぎのような現象が見出される。それはドイツ・カトリック派会議の席上や同派の新聞、文献の中でたびたび論議されていることだが、近代的企業における資本所有や企業家についてみても、あるいはまた上層の熟練労働者層、とくに技術的あるいは商人的訓練のもとに教育された従業者たちについてみても、彼らがいちじるしくプロテスタント的色彩を帯びているという現象だ。

(マックス・ヴェーバー著、大塚久雄訳『プロテスタンティズムの倫理と資本主義の精神』)

つまり、社会をリードする職業人の多くはカトリックではなくプロテスタントを信仰していると言っているわけです。

ヴェーバーは、プロテスタントは資本主義に親和的である、と主張します。そして、プロテスタンティズム(プロテスタントの思想および理念)から資本主義の精神が生まれた理由として、プロテスタントで奨励された禁欲に着目します。彼は、禁欲をさらに2つに分けます。それが、聖職者が実践する「世俗外的な修道士的禁欲」と一般の信者が社会生活をしながら実践する「世俗内的禁欲」ですが、資本主義の精神は後者から生まれたと主張するのです。その時に重視したのが、ルターが主張した「天職」の考え方でした。

ルターの「天職」、カルヴァンの「予定説」

ヴェーバーは、プロテスタントのなかでも禁欲的な４つの思想および宗派——カルヴィニズム、敬虔派《けいけんは》（パイエティズム）、メソジスト派《は》、再洗礼派《さいせんれいは》（アナバプティスト）——を挙げ、そのなかで資本主義が発達したオランダやイギリスで広まったカルヴィニズムを重視しました。

カルヴィニズムは、神学者ジャン・カルヴァン（１５０９〜１５６４年）の教説・思想のことで、それを信奉したのがカルヴァン派《は》です。カルヴァンはフランス出身ながら亡命先のスイスで宗教改革を推し進めました。彼はルターと異なり、神の絶対性を強調します。そして、『聖書』を最高の権威として、厳格な信仰生活を送ることを求めました。

神は現実の世界をはるかに超越した全能の力を有している——。これはキリスト教における一貫した考えですが、カトリックではローマ教皇が神の代理人の働きを果たすことで、神は遠くに遠ざけられ、現実世界にあまり影響をおよぼさない存在になってしまいました。

その後、次第に聖母マリアへの信仰が起こり、19世紀以降、聖母が出現したという現象が各地で起こります。１９１７年にポルトガルに出現したとされるファティマの聖母などは、教皇庁が正式に認可しています。これらは、遠くに行ってしまった神の代わりに、マリアが召喚されたと考えることもできます。

こうして、カトリックではマリアの地位が次第に高まりますが、プロテスタントはマリアや聖遺物に救いを求めることを否定しました。彼らにとって、神の力が再認識されることが重要だったのです。私は、このような考えが生まれてくる背景にイスラム世界との交流があったと考えています。というのも、イスラム教では神が唯一の存在であり、キリスト教が根幹とする三位一体など否定されます。大胆なことを言えば、神の絶対性を強調するイスラム教がプロテスタントを生んだ可能性があるのではないか、そう考えているのです。

神が絶対であれば、人間は本来救われているはずですが、ただあまりにも神が遠くにいるため、自分が救われているかがわからず、ジレンマを抱えることになります。この救済について、カルヴァンが述べたのが「予定説」です。イスラム教には、第2章で見たように「神の予定（定命）」という考え方があります。ここにも、共通した発想を見ることができます。

予定説とはその名の通り、人間が救われるか否かは神によってあらかじめ決まっているとし、善行や努力とは無関係とするものです。しかし、これですと「どうせ決められているのだから」と虚無的《きよむてき》な考えに陥《おちい》り、自堕落《じだらく》な生活を送る者も出てくることになります。この堕落を防ぐものとして、ヴェーバーが重視したのが、ルターが説いた「天職」です。

ルターは、『旧約聖書』の外典に属する『ベン・シラの知恵（シラ書）』のなかに、天職という言葉を見つけます。そして、神から与えられた使命としての仕事が天職であり、天職に没頭することで、禁欲的な生活を送ることができると述べました。

ということは、禁欲的に働けば働くほど豊かになりますから、豊かさは神に認められた証《あかし》ということになります。そして、労働に対する意欲がある者は救われる地位にありますから自《おの》ずと労働に打ち込み、反対に救われない者は怠惰《たいだ》であるということになります。

ただ、ルターの段階ではこの考えが世俗内的禁欲を生み出すまでには至らず、その後のカルヴァン派やピューリタン（清教徒《せいきょうと》）において発展しました。ピューリタンとは、イギリスにおけるカルヴァン派の呼称で、世俗の生活をしながら禁欲を実践し、贅沢や享楽から身を遠ざけました。その教説・思想がピューリタニズムです。

ヴェーバーは、「職業」を意味するドイツ語の「ベルーフ（Beruf）」や英語の「コーリング（calling）」には、神から与えられた使命という宗教的な観念が込められている、と指摘しました。このような天職に相当する言葉は、プロテスタントが優勢な地域には存在しても、カトリックが優勢な地域や古代社会には見出すことができない、と言うのです。

こうして、カルヴァン派やピューリタンの天職観念や禁欲生活が資本主義的な生活を推進させたことを、ヴェーバーは強調しました。彼らはいくら儲かっても、それを享楽のために使うことはなく、投資に回しました。そのことが、資本主義の形成に影響をおよぼしたと、ヴェーバーは考えたのです。

ユダヤ人起源説を取ったゾンバルト

このヴェーバーの主張には発表当初から批判が寄せられましたが、その代表が前述のゾンバルトです。ヴェーバーが『プロ倫』を発表する2年前、ゾンバルトは『近代資本主義』を刊行し、資本主義の精神を生んだのはユダヤ人であるとの論説を展開していました。

ここまで見てきたように、キリスト教は利子を禁止し、商業や金融に関して批判的です。実際、中世のキリスト教社会では商売上の競争は好まれず、広告を出したり、店舗をきれいにしたりすることも控えられていました。いっぽう、キリスト教徒ではないユダヤ人はそのような規制から自由でしたから、営利活動に邁進します。特に、金融においては批判されながらも利子を取っていました。

ゾンバルトは、これらユダヤ人の現実肯定的な姿勢に資本主義の萌芽《ほうが》を感じ取り、オランダやイギリスで資本主義が勃興したのはユダヤ人の流入が原因であると主張したのです。

つまり、ヴェーバーの『プロ倫』は、ゾンバルトの『近代資本主義』に触発されて書かれたものであり、資本主義の誕生をユダヤ人（ユダヤ教）ではなく、プロテスタンティズム（キリスト教）に見出そうとしたわけです。

ゾンバルトは『プロ倫』発表の7年後となる1911年、『ユダヤ人と経済生活』を刊行します。彼は同書で自説とヴェーバー説を統合し、ピューリタニズムはユダヤ教である、と主張しました。具体的には、資本主義の精神の形成に寄与したように思われるピューリタンの教義の構成要素のすべてがユダヤ教からの借り物である、としたのです。ユダヤ教とキリスト教は同じ『トーラー』＝『旧約聖書』を聖典としています。またユダヤ教は神を唯一の存在として、その絶対性を強調しますが、これはピューリタンの主張に重なります。ゾンバルトはここに共通性を見出したわけです。ヴェーバーの説と自説が矛盾しないことを示したとも言えます。

ゾンバルトは、その翌年に刊行した『恋愛と贅沢と資本主義』では、さらには禁欲とは真逆の奢侈《しゃし》に着目し、奢侈こそ資本主義が形成される原動力としました。

ヨーロッパの宮廷では華やかな舞踏会が催《もよお》され、正規の婚姻関係を外れた恋愛が謳歌されました。翻訳小説に「○○夫人」などのタイトルが多いのは、独身の令嬢ではなく、既婚の令夫人が華麗な恋愛を展開したことを表しています。舞踏会には豪華な衣裳や贈り物が必要ですし、胡椒やコーヒー、紅茶といった飲食物も欠かせません。それらの原材料の多くは植民地に求められました。その貿易に携わるブルジョワ（有産市民）階級が誕生し、輸送や加工などの産業が振興しました。ゾンバルトは、これらが資本主義の形成に結びついたとしたのです。

確かに、現代の消費社会を鑑《かんが》みれば、ゾンバルトの主張は正鵠《せいこく》を得ているように感じられます。実際、１９９０年代以降にゾンバルトの再評価の気運が高まり、現在も続いています。

利子の解放

実は、ヴェーバーは『プロ倫』のなかで、利子について自分の意見を述べていません。フランスの古典学者クラウディウス・サルマシウス（１５８８〜１６５３年）が徴利禁止の理論的基礎を批判したことは記述していますが、それ以上の論考は展開していません。

私は2009年に『金融恐慌とユダヤ・キリスト教』を上梓しましたが、その時には利子の重要性をまだ十分に認識していなかったので、同書では触れませんでした。今回、その重要性に気づいたのです。

ヴェーバーが利子について論考を展開しなかったのは、彼が着目したルターやカルヴァンが利子を禁止しなかったからでしょう。しかし、ここまで見てきたように、キリスト教における利子の禁止をめぐる歴史を考えると、彼の論考は不十分だったと言えます。資本主義において利子は重要な要素です。商行為や金融が認められ、手数料などさまざまな手段で実質的な利子を得たとしても、利子が認められなければ投資環境が整いませんから、資本主義経済は発展していきません。だとすると、ヴェーバーは資本主義に対する捉え方が不十分だったと言えるのではないでしょうか。

キリスト教世界では十字軍以降、利子が問題視されるようになり、盛んに議論され、オリヴィなどは共通善に適うとして、利子が容認されるよう腐心しました。その後、メディチ家が繁栄した時代には、為替という形で実質的な利子を得る試みがなされ、その当事者はそれが利子の禁止にあたるのではないかと恐れたようですが、現実にはさして大きな問題とはなりませんでした。そして宗教改革を経て、ルターが利子を認めるに至ったのです。

いっぽうイスラム教では、利子は『コーラン』で禁じられていますが、利子を取ったからといって激しく批判されることはありませんでした。現実の商取引において、利子と捉えられないような工夫をして、それを法学者が認めることで、現実には利子を取らない形が整えられたのです。第4章でも述べたように、イスラムで経済学が生まれなかったのは、イスラム法のなかですべてが現実的に処理されたからで、現代になってイスラム教に原理主義の傾向が強くなるまで、イスラム金融の方法を確立する必要がなかったのです。イスラム教の世界が経済的にずっと遅れたままだったことも、利子を問題にする必要がなかったことに結びつきました。

ユダヤ教ではどうでしょうか。異教徒から利子を取ることが認められていたユダヤ教徒は流浪の民として各地に移住し、ヨーロッパのキリスト教世界に定住するなかで〝金のなる木〟として必要悪として捉えられ、定着していきました。したがって、キリスト教世界で行われたような、利子に関する議論は起こっていません。

このように見てくると、利子に関して繰り返し論争されてきたヨーロッパのキリスト教世界だからこそ、経済学が誕生したことが改めて確認できます。

1545年、イギリスのヘンリ（ヘンリー）8世（1491〜1547年）は、年10％以内の利子取得を認める法令を発布します。ついに、資本主義が堂々と産声《うぶごえ》を上げたわけです。ちなみにヘンリ8世は、イギリス国王を首長とするイギリス国教会《こっきょうかい》を成立させた人物です。もはや、カノッサの屈辱のようなことは起こり得ません。

捏造された「神の見えざる手」

資本主義は、商取引と金融だけで成り立っているわけではありません。資本主義社会の経済法則を扱う学問である経済学も、重要な構成要素です。経済学は国家による経済政策をはじめ、デリバティブ（金融派生商品）のような取引にも大きな影響を与えています。

そして、資本主義を体系的に考察して古典派経済学を開き、「近代経済学の父」「近代経済学の祖」などと呼ばれるのが、イギリスの経済学者・哲学者アダム・スミス（1723〜1790年）です。

スミスの有名な言葉に、「神の見えざる手」があります。この言葉は、市場経済において各人が利益を追求すれば、社会として最適な資源配分がなされるとして、市場の自己調整機能として説明されます。しかし、スミスはこのような使い方はしていません。そもそも『国富論』や『道徳感情論』には「見えざる手」のみが登場し、「神の」はついていないのです。「神の見えざる手」が登場するのは『天文学史』ですが、前述のような市場の自己調整機能を説明するものではなく、自然法則を説明するなかで使われています。

このことは、スミスがどのような人物であるかを考えれば当然です。スミスはグラスゴー大学で道徳哲学を学び、ギリシア留学などを経て、母校の道徳哲学の教授に就任しました。彼は哲学者のデイヴィッド・ヒューム（１７１１～１７７６年）と親しく、グラスゴー大学に招こうとしましたが、ヒュームが「無神論」者と考えられたために成功しませんでした。ちなみに、スミスは「理神論」の立場です。

理神論とは、神の存在を合理的に説明しようとしたもので、神を天地の創造者とはしても、人格的超越存在とは認めない立場です。当然、奇跡、預言、啓示なども否定します。これは神の絶対性を強調したカルヴィニズムとは真逆の立場です。ですから、スミスがカルヴィニズムに結びつくような「神の見えざる手」などという表現を使うことはありえないわけです。

理神論は18世紀のイギリスに生まれ、フランスやドイツの啓蒙思想家に受け継がれました。神の力より人間の力を重視する点で近代的な観念であり、啓蒙主義や科学主義にふさわしい考え方でした。同じ頃、神の絶対性を信じる、あるいは信じたい人たちが、市場には「神の見えざる手」が働いてほしいと願ったがゆえに、スミスの言葉への誤解が広がったに違いありません。だとすると、スミスの「神の見えざる手」は捏造された経済学説ということになります。

「神の見えざる手」とされたものはその後、新自由主義のバックボーンであるかのように使われ、アメリカの経済学者で市場原理主義や金融資本主義を主張したミルトン・フリードマン（1912〜2006年）などにつながっていきます。

フランスの経済学者レオン・ワルラス（1834〜1910年）が樹立した「一般均衡理論」になると、条件を固定化して競争を行うと、社会全体がこれ以上変化しない均衡状態に至るとした経済理論です。価格などすべての経済的要因は相互依存の関係にあることを数学的方法で明らかにしようとしますから、そこには「神」は介在しません。

　このように、ヨーロッパにおける資本主義や経済学の誕生・発展には、キリスト教が深くかかわっていました。それではアジア、とりわけ日本では経済に宗教はどのようにかかわったのでしょうか。次章では、宗教や思想が企業経営におよぼした影響を、2つの日本企業を例に見ていきます。

第8章

日本企業と宗教のかかわり

中国で資本主義が生まれなかった理由

『プロテスタンティズムの倫理と資本主義の精神』において、ヨーロッパにおける資本主義の誕生を論じたマックス・ヴェーバーが、視点をアジアに転じて著したのが『儒教《じゅきょう》と道教《どうきょう》』です。1916年に発表された同書には、「儒教とピューリタニズム」という論考が含まれています。

このなかで、彼は「資本主義の発生に有利な外面的諸事情が西洋に比べても幾数倍かであったにもかかわらず、中国で資本主義がついに形成されるに至らなかった」のは、現世に対する中国人の実践的態度の諸特徴に原因があると述べています。そして、中国人の生得《しょうとく》の特徴だとされているものの多くが、実は純粋に歴史的な文化的影響の所産であり、そのような諸特徴を中国人に植えつけてきたのが儒教であると考察しました。つまり、中国で資本主義が生まれなかった理由は儒教にあるというのです。

儒教とは、孔子《こうし》（紀元前551頃～前479年）の教説を中心とする思想・教学のことで、その教学を体系化したものが儒学《じゅがく》です。漢《かん》の武帝《ぶてい》（紀元前156～前87年）の治世下である紀元前136年に国教となり、以後、清《しん》朝の崩壊に至るまで支持を得て、中国の社会・文化に大きな影響をおよぼしました。ただし、儒教は教団を形成しませんから、信者は存在しません。

儒教が関心を向けたのは政治のあり方であり、商業に関しては低く見るのが特徴です。中国では交易が盛んに行われましたが、支配階級は商業に携わらないこともあって、商行為はどちらかと言えば卑《いや》しいものと捉えられました。ヴェーバーは、これらの点に着目したのです。

朝貢貿易と科挙に欠けているもの

中国の政治思想における重要概念が「徳《とく》」です。儒教では、「仁《じん》」「義《ぎ》」「礼《れい》」「智《ち》」「信《しん》」を「五徳《ごとく》（五常《ごじょう》）」としました。簡単に言えば、「仁」は他人への思いやり、「義」は守るべき正しい道、「礼」は上下関係を守ること、「智」とは学問に励むこと、「信」とは嘘をつかず約束を守ること――です。

中国大陸では古来、王朝の交代が繰り返されてきましたが、その頂点にある皇帝には、この徳が求められました。ですから、皇帝が徳を失って悪政を行えば、新たに徳を備えた者に替わられるとしました。この理論は「易姓革命《えきせいかくめい》」と呼ばれ、儒家《じゅか》（孔子の学説を信奉する学派）の孟子《もうし》（紀元前372頃〜前289頃年）によって唱えられました。

さらに、中国には「華夷思想《かいしそう》（中華思想）」があります。漢民族が自国を「中華」と称し、世界の中心にあるとして、周囲の異民族を「夷狄《いてき》」と称して卑しむ思想です。

何をもって漢民族とするかの判断は難しいところですが、周囲の異民族は皇帝の徳を慕《した》い、朝貢《ちょうこう》を行うことが、外交関係の基本的な枠組みです。朝貢と言うと、貢ぎ物を税金のように差し出すイメージがあるかもしれませんが、皇帝から朝貢国へは、貢ぎ物をはるかに上回る豪華で大量の返礼がなされます。皇帝は徳を備えているだけでなく、気前の良さも持っていなくてはならないのです。これは、序章で触れたポトラッチに似ています。いっぽうで、交易や貿易を国家の利益として発展させようという考えはなかったと思われます。

中国における官僚登用システムが「科挙《かきょ》」です。官僚の選抜試験として、隋の文帝《ぶんてい》（541〜604年）が587年に開始し、清朝末期まで行われました。建前《たてまえ》としてはあらゆる人に機会は開かれており、試験に合格すれば、栄達の道が開かれました。とはいえ、合格するには膨大な勉強量が必要ですし、家庭教師をつけることも多かったため、裕福な家庭の出身者が大半でした。とはいえ、貧しい無名の家から合格した例もあります。

問題は試験の内容です。科挙では、儒学の知識と詩賦《しふ》をつくる能力が問われました。人の上に立つ者に詩歌《しいか》など文学的素養を求めることは東アジアに共通していますが、それは為政者でも変わりません。漢詩の交換は公的な性格を持ち、支配階級の人間関係を形成するうえで重要な役割を果たしていたのです。儒学の知識を重視したということは、儒学が軽視した商業は当然ながら、試験には登場しません。支配階級であり、知識階級である科挙合格者、つまり官僚が商業について考察・議論することはきわめて少なかったことが想像できます。そのような環境では資本主義はもちろん、経済学など生まれようがありません。

科挙は朝貢国である朝鮮やベトナムにも広がりました。儒学も漢字文化と共に、これらの国に伝わりました。ベトナムに行くと、村の入口にある門柱に漢字が書かれているのを見かけることがあります。ベトナムの人たちは漢字を使わなくなって久しいですから、読める人はほとんどいませんが、旅行者である私たち日本人は判読できるという現象が起こるのです。

いっぽう、日本は朝貢国ではない道を選びましたし、遣隋使や遣唐使などで科挙を知っても、取り入れることはありませんでした。ですから、商業を卑しいものと捉える風潮はなかったわけではありませんが、中国や中国に朝貢していた国よりもその度合いは低かったのです。

日本人の心性に影響を与えた仏教はどうでしょうか。仏教は戒律を重んじても、金や商業に関する戒律は存在しませんし、仏教徒が守るべき「五戒《ごかい》」のなかに「不偸盗戒《ふちゅうとうかい》（盗むな）」「不妄語戒《ふもうごかい》（嘘をつくな）」などがありますが、これは商業に限ったことではありません。

仏教は出家者の宗教ですから、世俗社会に関心を持ちません。ですから、ヴェーバーの言う世俗内的禁欲が生まれる余地はありません。さらに、仏教の経典では、『旧約聖書』のように利子に関して言及されることもありません。

つまり、日本では金や商業に対しての考えを宗教や思想から強要されることがなかったのです。

二宮尊徳が重視したこと

それでは、日本人が金や商業に関してまったく宗教や思想から影響を受けなかったかというと、そうではありません。それが、江戸期に隆盛した朱子学《しゅしがく》です。

朱子学は、12世紀に南宋《なんそう》の儒学者・朱熹《しゅき》（１１３０～１２００年）が大成した儒学の一派で、日本には鎌倉時代に伝来しました。その後、江戸幕府による林羅山《はやしらざん》（１５８３～１６５７年）の登用を機に、体制維持のための御用学問となります。朱子学では、「君臣・父子の別」が説かれました。君主と臣下は別、父と子の間に線を引き、秩序を重んじたのです。

もともと儒教では「忠孝」、すなわち君主に対する忠義と親に対する孝行を説いていますが、中国では孝が重視されたのに対し、日本では忠を重視しました。中国では同族意識が非常に強いのが特徴です。たとえば子どもが悪いことをしても、親は外にそれを漏《も》らしません。子も親に対しては同様です。社会正義よりも血族間の絆《きずな》を大事にするのです。これが孝の本質です。王朝の交替が繰り返されているところでは、自分たちを守ってくれる小さな単位のほうが重要なのです。

前述のように、江戸幕府は朱子学を体制維持のために奨励しましたので、朱子学および儒学の考えは日本人の心性に大きな影響を与えました。商業に関する考えも同様です。孔子と弟子の言行録であり、寺子屋などで広く学ばれた『論語《ろんご》』のなかには商業を認める記述がないわけではありませんが、その際にも「仁」「義」など儒教の徳目を守ることが求められました。それらの精神を欠いて、金儲けのみに走ることが戒められたわけです。

江戸後期の農政家で、その名を知られているのが相模国《さがみのくに》足柄上郡《あしがらかみぐん》栢山村《かやまむら》（現神奈川県小田原市《おだわらし》）出身の二宮尊徳《にのみやそんとく》（金次郎《きんじろう》。1787～1856年）です。尊徳は少年時代、薪《まき》を担ぎながら読書したと言われ、勤勉さを手本とするために、その像が全国の小中学校の校庭に設置されたこともありました。しかし、それは彼の一面を表しているにすぎません。

彼の業績は、借金を抱えた家や組織の財政再建です。その具体的な方法を紹介しましょう。小田原藩の家老・服部《はっとり》家の家政立て直しを依頼された際には、まず藩主から金を借ります。そして溜まっていた借金約1000両を返済し、余った金を貸付に回すことで利益を得ます。いっぽうで服部家には強く倹約を求め、出費を抑えさせました。これによって

５年後には余剰金３００両を生み出すまでになりました。ちなみに、服部家の人たちに倹約をさせるのには相当、苦労したようです。

尊徳は服部家以外にも各地の農村の復興に尽力し、のちには幕府の天領《てんりょう》の立て直しを任されるまでになります。彼の勤労・倹約を中心とした事業法は「報徳仕法《ほうとくしほう》」と呼ばれました。「報徳」とは、『論語』にある「徳を以《もつ》て徳に報いる」から来ています。

尊徳は経済と道徳の融和を説き、社会への貢献はやがて自らに還元されると述べました。これが経済思想としての「報徳思想《ほうとくしそう》」であり、それを象徴するのが「至誠《しせい》」「勤労」「分度《ぶんど》」「推譲《すいじょう》」から成る「四綱領《しこうりょう》」です。すなわち、誠実を心がけ、勤勉に励むと同時に、自らの分《ぶん》を知って贅沢を慎み、余剰が生じれば他人に譲る——ということです。

彼の死後、この考えを学ぼうとする報徳運動が起こり、やがて明治８（１８７５）年、大日本報徳社（報徳社）の設立に至ります。報徳社が提唱・実践したのは、勤倹貯蓄、営農資金の無利子貸付、農業技術向上のための農談会の開催などです。

このなかで重要なのは、営農資金の無利子貸付です。５年間無利子で貸し付けられた資金は、荒蕪地《こうぶち》の開発や質《しち》に出した土地の受け戻しなどに使われました。ただし最後には、感謝のしるしとして、報徳社に利子1年分を供出することが求められました。これは四綱領のなかの「推譲」にあたるのです。順調なら、最後には余剰金が出ているはずですから。

利子とは言わなくても同等の金額を払うことは、イスラム教でもキリスト教でも行われてきました。報徳社のシステムもこれに似ています。また現在、貧困層・低所得層を対象としたマイクロファイナンス（小口金融）がありますが、その先駆けと言えるものになります。

農村発の思想

報徳社による無利子貸付からは、日本の農地が頻繁に売買されていたように思われるかもしれませんが、そうではありません。

農業経済学者の守田志郎《もりたしろう》さんは日本の農村の実態を研究し、自立した経済システムがあることを明らかにしました。私もその著書を何冊か読みましたが、それによれば、基本的に農民は田畑を売ることはせず、質《しち》入れました。田畑はそう簡単に売るものではないのです。たとえ売るとしても、その相手は親族でした。そして金が返せるようになったら、受け戻します。つまり、外部の人間が農地を買うことはほとんどなかったのです。

田は水路の役割もしており、水を引けば、別の人の田に流れていきます。各人が田を所有していても、一体の構造になっているわけです。言わば、共同所有です。その実情を知っているからこそ、報徳社はそれらの構造を壊さないような形で資金提供をしたのです。

守田さんには、『二宮尊徳』などいくつかの著書がありますが、その多くを刊行しているのが、昭和15（1940）年設立の農文協（一般社団法人農山漁村文化協会）です。同社は「『農家に学び、地域とともに』生きることを根幹にすえて活動を進め」ることを謳い、雑誌「現代農業」などを刊行しています。守田さんの研究や考えは農文協を通じて、日本全国の農村に影響を与えてきました。

二宮尊徳の報徳思想にしても、守田さんのそれにしても、宗教や世俗の権力など上から降りてきたものではなく、農村の実情のなかから出てきたことが注目に値《あたい》します。

トヨタ自動車と報徳思想

報徳思想は幕末から明治にかけて、関東地方から東海地方に広がっていきました。その影響は農業従事者のみならず、企業経営者にもおよんでいます。その1人が、トヨタ自動車の前身となる豊田自動織機の創業者・豊田佐吉《とよださきち》（1867～1930年）です。彼は遠江国《とおとうみのくに》敷知郡《ふちぐん》（現静岡県湖西市《こさいし》）に生まれ、父から報徳思想の影響を受けて育ちました。

佐吉には、報徳思想だけでなく、日蓮信仰の影響も見られます。日蓮宗は開祖の日蓮《にちれん》（1222～1282年）が、文応《ぶんおう》元（1260）年に鎌倉幕府の前執権《しっけん》・北条時頼《ほうじょうときより》（1227～1263年）に建白書『立正安国論《りっしょうあんこくろん》』を提出したように、日本の国家をいかに安泰にするかに強い関心を持つ宗派です。昭和期の陸軍軍人・石原莞爾《いしわらかんじ》（1889～1949年）も日蓮宗系の国柱会《こくちゅうかい》に入会するなど、その影響を強く受けていることはよく知られています。

トヨタ自動車をはじめとするトヨタグループには、「豊田綱領」があります。これは佐吉の考えを、娘婿の利三郎《りさぶろう》（トヨタ自動車工業初代社長。1884～1952年）と長男の喜一郎《きいちろう》（同第2代社長。1894～1952年）が整理して成文化したもので、昭和10（1

935）年に発表されました。具体的には、次の5項目です。

一、上下一致、至誠業務に服し、産業報国の実を挙ぐべし
一、研究と創造に心を致し、常に時流に先んずべし
一、華美を戒め、質実剛健たるべし
一、温情友愛の精神を発揮し、家庭的美風を作興《さっこう》すべし
一、神仏を尊崇し、報恩感謝の生活を為《な》すべし

（「トヨタ自動車75年史」）

発表の際には、「豊田佐吉翁の遺志を体し」という言葉が添えられていたそうですが、報徳思想の「四綱領」が基盤になっていること、また「産業報国」という言葉からは日蓮信仰からの影響が見て取れます。

トヨタ自動車の本社は愛知県豊田《とよた》市にあります。日本を代表するグローバルカンパニーのほとんどが東京に本社を構えていることを考えると、きわめて異例です。東京本社もありますが、あくまでヘッドクォーターは豊田市の本社です。さらに、その本社と本社工場

は連絡が密になるよう、隣接されています。私は、ここに農村的な共同体の考え方を感じます。

トヨタ自動車と言えば「ジャストインタイム生産方式」が有名です。これは、各工程で必要な物を、必要な時に、必要な量だけ供給することで在庫を極力減らして生産活動を行うことです。これを遂行するために、部品納入の時間や数量を指示する「かんばん方式」が採用されています。また、できるだけ機械同士を近づけて、1人の人間がいくつも管理することができるようになっています。

このように、徹底して無駄を排除しようとする考えや、上役率先《そっせん》、無借金経営などに報徳思想を中心とした儒教思想の影響が感じられます。

パナソニックと天理教

次に取り上げるのが、電器メーカーのパナソニック（旧松下電器産業）です。その創業者・松下幸之助《まつしたこうのすけ》（1894～1989年）は宗教に強い関心を持ち、そのことは同社に今でも大きな影響を与えています。

幸之助は和歌山県の海草《かいそう》郡和佐《わさ》村（現和歌山市）に生まれました。実家は小地主でしたが、父親が米相場に失敗。没落します。そのため、尋常小学校４年で中退すると、９歳で商店に奉公に出ます。そこから独学および夜学で電気工学を学びました。その後、松下電気器具製作所を創業し、経営に携わっていくのですが、幸之助に大きな影響を与えたのが、天理教です。彼は自伝のなかで、ある人物に某教を紹介されたと書かれていますが、この「某教」は天理教を指しています。

ここで、天理教について説明しておきましょう。天理教は、幕末から明治初期に創始された教派《きようはしんとう》神道の１つです。一般の神社が神社神道《じんじやしんとう》で、それとは別に教団の形を取ったものが教派神道で、他には黒住教《くろずみきよう》、金光教《こんこうきよう》などがあります。その特徴は、教祖や経典を持つことです。

天理教の教祖・中山《なかやま》みき（１７９８〜１８８７年）は天保《てんぽう》９（１８３８）年、天啓を受け、そこから天理教が生み出されていきます。みきは自らを「神《かみ》の社《やしろ》（教祖）」と称し、親神《おやがみ》・天理王命《てんりおうのみこと》を信じ、奉仕と相互扶助により、幸福を得られると説きました。天理教では、みきを「教祖《おやさま》」と呼んでいます。

みきが布教した当初は、周囲の宗教家に〝所場《しょば》〟を荒らしたとして、迫害を受けています。これに対し、みきの長男・秀司《しゅうじ》は幕末、吉田《よしだ》神社（京都府京都市）に入門して、神職の資格を得ました。吉田神社は室町時代、その神職である吉田兼倶《よしだかねとも》（１４３５〜１５１１年）が吉田神道を創始したことでも知られる、格の高い神社です。お墨付きを得て、迫害を逃れようとしたわけです。

やがて、さまざまな信者が集まってきます。みきの霊力による病気治療なども評判を呼びます。これに対し、警察が取り締まりや弾圧を行うようになります。当時は宗教集団が許可を得ないまま勝手に布教活動をすることは禁じられていましたし、医学を否定するような治療行為も問題視されたのです。神仏を開帳して人を集めることも違警罪《いけいざい》（今日の軽犯罪）として禁じられていました。

天理教の信者が大きく増えたのは、大阪においてです。大阪からたくさんの信者が来るようになると、神殿が手狭になり、「大正普請」と呼ばれる拡張工事を行いました。天理教は建築に力を入れる宗教で、その後も昭和の前期に大規模な「昭和普請」を行っています。建築史家の五十嵐太郎《いがらしたろう》さんは、天理教は建築宗教であると述べています（五十嵐太郎

『新宗教と巨大建築』）。

みきの跡を継いだ飯降伊蔵《いぶりいぞう》（1834〜1907年）は、入信前は大工をしていました。彼が神の言葉を取り次ぐ役を担ったため、天理教で使われる言葉のなかには建築用語が多用されています。たとえば、信者を「用木《ようぼく》」、奉仕活動を「日《ひ》の寄進《きしん》」などと言います。

松下幸之助が天理教の教会本部を訪れたのは昭和7（1932）年、昭和普請の真っ最中の時でした。幸之助が見たのは、膨大な信者が集まって工事に携わっている光景です。今ならゼネコンが行うでしょうが、当時は信者自身が行っていたのです。しかも建物は巨大かつ広壮なもので、完成した部分は掃除が行き届き、塵《ちり》一つ落ちていません。

私も教会本部に行ったことがあるのですが、3000畳敷きの礼拝する場所の周囲に回廊が巡らされ、白足袋《しろたび》で歩いても汚れることがないほど、ぴかぴかに磨き上げられていました。第2章で触れたように、修養科で3カ月間学ぶ信者が奉仕活動で磨いているからです。ちなみに、天理教の教会本部は、奈良県天理市にありますが、宗教名のついた市は日本では同市のみ、町では金光教の金光町（岡山県浅口《あさくち》市金光町）などがあります。天理市の人口の半分ぐらいは天理教関係者と言われています。

製材所を訪れた幸之助は、木材がすべて寄進されたものであることに感銘を受け、自身も茶室などを寄贈しています。さらに、額《ひたい》に汗して仕事をする職人や信者の姿が普通の職人とまったく違うことに驚き、敬虔な思いを抱きます。そして、自分が行っている事業も単なる経済活動ではなく、これら神聖な事業と同じようなものでなくてはならないと考えたのです。

松下幸之助が辿り着いた境地

天理教の昭和普請に感銘を受けた幸之助は、企業は社会の役に立つような存在でなくてはならないと考えるようになります。そこから生まれたのが「水道哲学《すいどうてつがく》」です。これは、水道から出てくる水のように低価格で良質な商品を大量供給して、多くの消費者に行き渡らせることを目指すという経営哲学であり、思想です。

幸之助は「かくしてこそ、貧《ひん》は除かれていく。貧より生ずるあらゆる悩みは除かれていく。生活の煩悶《はんもん》も極度に縮小されていく。物資を中心とした楽園に、宗教の力による精神的安心が加わって人生は完成する」と述べています（松下幸之助『私の行き方 考え方』）。
天理教では、たがいに助け合う「陽気ぐらし」を理想としましたが、その実現を物資を通してなそうとしたのが幸之助ということになります。

幸之助は独特の人間観を持っていました。著書から引用しましょう。

宇宙に存在するすべてのものは、つねに生成し、たえず発展する。万物は日に新たであり、生成発展は自然の理法である。人間には、この宇宙の動きに順応しつつ万物を支配する力が、その本性として与えられている。人間は、たえず生成発展する宇宙に君臨し、宇宙にひそむ偉大なる力を開発し、万物に与えられたるそれぞれの本質を見出しながら、これを生かし活用することによって、物心一如《ぶっしんいちにょ》の真の繁栄を生み出すことができるのである。かかる人間の特性は、自然の理法によって与えられた天命である。

（松下幸之助『人間を考える』）

昭和21（１９４６）年、幸之助はＰＨＰ研究所を創設します。ＰＨＰは、「Peace and

Happiness through Prosperity（繁栄によって平和と幸福を）」の頭文字から取られた略語です。その後、秘書の江口克彦《えぐちかつひこ》（のちに同社社長）と人間観の確立についての対話を重ね、今見た人間観を確立していきました。

幸之助は、真言宗の僧侶だった加藤大観《かとうたいかん》師をアドバイザーにしていたこともあります。自分の家に同居させ、絶えず意見を求めたと言います。その影響を受けて、各工場には五色の龍神《りゅうじん》が祀られています。

白龍　本社、電化関係、旧九州松下電器
黄龍　旧松下電子工業、旧松下産業機器
青龍　旧松下電池工業
赤龍　自転車事業部
黒龍　松下電工グループ

幸之助が高く評価したのが、創価学会の池田大作《いけだだいさく》第3代会長です。2人は親子と言えるほど年齢が離れていますが、幸之助は池田に対して謙虚に学ぶ姿勢を崩さなかったと言われています。対談を行ったこともあり、それは『人生問答』という本にまとめられています。

このように、幸之助は新旧を問わず、さまざまな宗教に接し、独自の経営哲学をつくり上げました。さらには独自の宗教施設「根源社《こんげんのやしろ》」をつくるに至ります。これは神社形式で「宇宙の根源」を祀るもので、現在、パナソニックの迎賓館である真々庵《しんしんあん》、PHP研究所京都本部、パナソニック本社にあります。

独自の哲学が生まれなかった日本

ヨーロッパのキリスト教社会では思想や哲学が議論の対象となり、知識人の手によって体系化されていきました。いっぽう日本では、報徳思想も、トヨタ自動車やパナソニックの例も、民衆に根づいた価値観をもとに経営のための思想が確立されていきますが、残念ながら、世界的に大きな影響を与えるような思想や哲学は生まれませんでした。

例外と言えば、哲学者の西田幾多郎《にしだきたろう》（1870～1945年）が完成させた「西田哲学」

になるでしょうが、その背景には禅があります。世界への影響という点では、禅などに関する英文の書籍を著した仏教学者の鈴木大拙《すずきだいせつ》（1870～1966年）が重要です。

独自な哲学が生まれないことは、経済学を育《はぐく》むことができなかったことにつながります。キリスト教世界において、経済学は神学のなかから、論争を経て生み出されました。その神学をリードしたのは、アリストテレスをはじめとする哲学です。アダム・スミスが道徳哲学を学び、その教授であったことは前章で触れた通りです。つまり、哲学が発達しない、あるいは、そのような議論が盛んではない環境では、経済学は生まれないのです。これはイスラム教の世界でも同様です。日本人が多くのノーベル賞を取りながら、経済学賞に手が届かないのは、そのためではないかと私は考えています。

おわりに

ここまで見てきたように、宗教と金は密接に関係しています。

人間は生きていくうえで、金を必要とします。特に、資本主義の時代になると、その傾向は強くなります。農業が中心だった時代であれば、自給自足に近いことも可能でした。しかし、現代の都市社会では、金がなければ日々の生活は成り立ちません。ですから、皆、金を欲しがるわけです。

その大切な金は、宗教と密接な関係を持っています。宗教は、古代から多額の金を集めてきました。現代でも、「はじめに」で述べたように、宗教と金をめぐるトラブルが起こるのも、そのことが関係しています。

はたして、宗教が多額の金を集めることは正しいことなのでしょうか。

これについては、宗教の世界でも議論がありますし、一般の社会でもたびたび問題になってきました。第1章では、そのことに関連してキリスト教の修道院について述べました。キリスト教には「清貧」の伝統があり、それを実践する場が修道院になるわけですが、修道院のモットーが「祈り、働け」であることもあり、経済的な利益を追求しないはずの修道生活が多くの利益を生み、そのために堕落していくことが繰り返されてきました。

はたして、金を儲けることは正しいことなのでしょうか。

このことは、宗教の世界では常に議論されてきました。商売のことも問題になります。右から左へ商品を流すだけで利益を得ていいのか、それは不正な行為なのではないか。宗教によっては、ここを問題にするわけです。

ただ、日本人には、商売が不正なことという感覚は昔からありません。まして、宗教が商売を認めないなど、想像を超えたことでしょう。ところが、一神教の世界では、それが問題視されてきたのです。

さらに、一神教の世界では「利子の禁止」が大きな問題になってきました。これも、日本人の感覚からすれば、理解できないところです。もちろん日本でも、「高利」には昔から批判があります。1万円札にもなった啓蒙思想家の福沢諭吉《ふくざわゆきち》（1834～1901年）は、若い頃に家の借金で苦労したことから、借金だけはするものではないと説いていました。それでも、利子を否定したわけではありません。

ところが、一神教の世界では、ユダヤ教の『トーラー』、キリスト教で言えば『旧約聖書』において、神は同胞からは利子を取ってはならないと命じています。この命令が、とても重要なことになったのです。

利子の禁止は、商品経済が発展していない段階ではそれほど問題にはなりませんでした。ところが、商品経済が発展し、貿易が盛んになっていくと、多額の資金が必要になるため、徴利の是非が問題として浮上するようになったのです。

キリスト教は禁欲を特徴とする宗教です。キリスト教では、ユダヤ教にはなかった原罪の教えがあり、人間は生まれながらにして罪深い存在であると考えられてきました。人間が最初から堕落しているとする教えですから、かなり恐ろしいものとも言えます。けれども、キリスト教の教会は、その罪を贖う力を持っているということを武器に広がっていきましたから、原罪が常に強調されました。原罪がなければ、贖罪の必要もないわけです。

中世ヨーロッパのキリスト教社会では、高利で金を貸す高利貸しに対してかなりの批判がありました。高利貸し自身も、自らの行いを罪深いものと考え、死が近づくと、利子として取った分を借り主に返却したりもしました。罪を犯したまま死んで、地獄に落とされることを強く恐れたからです。

ただ、こうした利子の禁止は、思わぬ結果をもたらしました。本書の1つの発見は、そこにあるかもしれません。

利子が禁止されているとはいえ、経済活動が活発になれば、どうしてもそうした神の意志に従っているわけにはいかなくなります。となると、何とか利子を取ることができないものか、それを合法化できないか、が議論の焦点となります。抜け道はいくらでも考えられます。たとえば、貸し主と借り主が共同で事業を行い、利益と損失を折半するのも、よく見られた方法です。実際には、貸し主が利子を取っているようなものですが、それで何とか資金を調達しようとしたのです。

それでも、神の教えに背《そむ》いているのではないかという不安から免れることはできませんでした。それほど、地獄の恐怖は強烈なものだったのです。

そこで、神学に出番が回ってきました。神学というと、神の存在証明を行うなど、現実から遊離したものと思われがちです。けれども、中世に大きな影響力を持った「スコラ学」では、何とか利子を合法化しようとする試みが実践されました。

その主役となったのが、ピエール・ド・ジャン・オリヴィです。大黒俊二さんの著書『嘘と貪欲』を通して、彼の存在は日本でも知られるようになりました。

利子の禁止は、イスラム教も同様です。その抜け道をいかに探すかが課題となり、そこから「イスラム金融」が生まれることになりました。しかし、法学が重視されるイスラム世界で、利子を合法化する理論を構築していく試みは生まれませんでした。利子を取ることは『コーラン』で禁じられていますから、人間が勝手に神の意志を変えることができないからです。

ここで、キリスト教世界とイスラム世界に大きな差が生まれました。キリスト教徒にとっても、利子の禁止は神が命じたことに違いありません。『旧約聖書』にはっきりと記されているからです。しかし、キリスト教世界では、神の命令そのものを変えることはしない、つまりは『聖書』を改竄《かいざん》することはなかったものの、さまざまな理屈をつけて、利子を合法化していったのです。これは、やがて経済学を生むことにつながっていきます。

「近代経済学の父」とされるアダム・スミスは、大学で道徳哲学を教えており、最初の著作も『道徳感情論』というものでした。よく知られる『国富論』が書かれるのは、そのあとです。つまり、哲学のなかから経済学が生まれたことになったわけです。カール・マルクスも、その出発は哲学でした。

経済学が発展していくと、経済政策に影響を与えるようになりました。つまり、キリスト教における利子禁止の戒律が神学を鍛え上げ、その結果、経済学を生み出すことになったのです。

マックス・ヴェーバーが、『プロテスタンティズムの倫理と資本主義の精神』で、資本主義が生まれてくる源《みなもと》をプロテスタントの禁欲主義に求めた議論はよく知られています。しかし、誰もが感じることですが、その論理にはすっきりしないところがあります。それは、ヴェーバーが利子の禁止に着目しなかったからではないでしょうか。

宗教、特に一神教は利子を禁止する傾向が強く、いっぽうで多額の寄進や献金を受ける存在でもあります。これは、日本でも言えることで、中世においては、多くの荘園を寄進された寺社勢力が、朝廷や武家と渡り合えるだけの力を持ちました。それは、ヨーロッパの教会や修道院も同じですが、寄進された土地はさまざまな商売、さまざまな産業を生み出す母体ともなりました。

本来、宗教施設は宗教活動を実践する場であり、経済活動を行うところではありません。しかし、土地が寄進されることで、経済活動が展開される可能性が開かれていきました。

近世から近代へと時代が進むと、宗教に土地が寄進されることはなくなっていきます。フランスでは革命を経て、宗教施設、つまり教会の土地は国有化されました。日本でも、時代が明治に代わる時点で「上知令」が出され、宗教は土地を奪われました。

土地という経済基盤を失った宗教は、信者からの献金に頼らざるを得なくなります。そうした献金は、教団を発展させるうえで重要な意味を持ちました。献金された金は宗教活動に用いられるわけですが、信者にとって、どれだけ献金したかが教団に貢献した証《あかし》となりました。そうなると、献金の額を競うようになり、「献金合戦」のような事態が生まれました。

いっぽう教団の側は、莫大な献金を巨大建造物をつくることに使うようになります。その結果、巨大建造物のオンパレードという事態が生まれました。それは、古代からのことでもあり、宗教と巨大建造物は密接な関係を持っています。

巨大建造物ができれば、信者はそれを歓迎します。自分たちの信仰が目に見える形を取ったことで、それに自信を持つのです。ですから、巨大建造を建てることを目的として献金が呼びかけられるようにもなりました。金は誰にとっても大切ですから、その使い道を考えるのは当然です。もちろん生活を支えるためにも使われますが、意義のある使い方となると、簡単には見つかりません。その1つが宗教への献金となるわけです。

このことは、その宗教が信者を増やしている時には意味を持ちます。しかし、信者がずっと増え続けるということはありません。どこかで曲《ま》がり角《かど》に差しかかり、その後は、信者の減少という事態が生まれます。

そうなると、建造物を維持していく費用を捻出することに苦労するようになっていきます。今、日本の新宗教はそうした危機に直面しています。

それは、新宗教だけではありません。奈良の法隆寺が、維持費を捻出するためにクラウドファンディングを行ったことが話題になりました。2000万円を目標としたところ、最終的には1億5000万円以上を集めることに成功しました。これはめでたいことではありますが、古い有名な寺であっても維持に苦労していることを表しています。法隆寺は明治時代、寺宝《じほう》を皇室に献上し、その下賜金《かしきん》で建て直しをしたことがありました。

宗教は、金が集まる時は想像を超える額が集まります。ところが、集まらなくなると、窮する事態にまで至るのです。そこに、宗教と金の難しい問題があると言えるのかもしれません。

解説――21世紀の経済学と「共通善」

水野和夫

島田裕巳さんは相変わらず、切り口と洞察力が滅法鋭《するど》い。母の統一教会への巨額に上る寄付が家庭を崩壊させ、それを恨んだ山上徹也《やまがみてつや》容疑者が安倍晋三元首相を射殺する事件があったばかりですが、本書はキリスト教、ユダヤ教、イスラム教、仏教といった数千年の歴史を持つ宗教がいかにお金とかかわってきたかに関して根源的な問題を考察しています。それは同時に、資本主義をどう捉えるかという現在の最重要課題を考える際に不可欠な視点を提供していることから、「宗教と金」という古今東西を問わず、もっともセンシティヴなテーマを扱った、他に例を見ない内容となっています。

本書は冒頭、「宗教と金」にまつわる闇の世界を紹介し、読者は一気に引き込まれます。「バチカン銀行」と関係の深いイタリア最大のアンブロシアーノ銀行の元頭取ロベルト・カルビが逃亡先のロンドン・テムズ川の橋で首吊り自殺（のちに他殺と判断）している事件から始まります。20世紀以降、多国籍企業やグローバル企業が登場しましたが、それ以前では「教皇庁は唯一の世界組織」です（序章）。なぜなら「キリスト教の三大教派のうち、プロテスタントと正教会（東方正教会）は国や民族が基盤になっているため、世界組織になるのは困難」だからです（同）。

マルクスがエンゲルス宛の手紙で述べたように「市民社会の本来の任務は、世界市場を作り出すこと」なのですから、ローマ・カトリック教会は宗教のなかでもっとも資本主義と親和性が高いのです。資本主義にとってもっとも重要な概念は「資本」であって、資本の定義は200余りあるとのことですが、もっともシンプルな定義は「利息（利潤の概念も含む）のつくお金」です。本書によれば、「ヴェーバーが利子について論考を展開しなかった」ことを理由に、「キリスト教における利子の禁止をめぐる歴史を考えると、彼（ヴェーバー）の論考は不十分だった」と結論づけています（第7章）。まさに正鵠を得た指摘だと思います。

本書の優れた点は、世界の四大宗教を比較しながら、なぜ禁欲的なキリスト教が資本主義を生み、そうではなく「商人の宗教」（第4章）であるイスラム教や金融業に秀《ひい》でているユダヤ人のユダヤ教から資本主義が生まれなかったのかなど、本質的な問題について、きわめて説得的な論旨を展開していることです。すなわち、イスラム教は「必ずしも戒律が厳しくない」ため、キリスト教と同様に『コーラン』で「利子を禁じています」が、事実上利子を取った商行為が適法か違法かについて、イスラム「法学者の目を通して判断」しています（同）。よく言えば現実的な対応ですが、利子についての本質的な議論を避けてきたと言えます。だからイスラム世界では「抽象的な経済学は生まれにくい」と、島田さんは言います（同）。

仏教はキリスト教と同様、「聖職者に限り、戒律すなわち欲望の禁制があります」（第1章）。しかし、「仏教はキリスト教などとは異なり、利子の禁止を説くことはありません」（第2章）。また、聖職者が経済活動を行うか否かで、違いがあります。仏教では「僧侶は経済活動を行わず、経典を学ぶことや修行に専念する。在家の信者はこれを布施で支える」（同）。いっぽう、キリスト教ではテンプル騎士団が銀行業を営んだり、修道院で自律的生活をするためにワインの製造、販売をしたりして商業活動をしました。また、喜捨の対象が仏教とキリスト教では真逆です。「キリスト教やイスラム教では喜捨の対象が貧しい人であるのに対して、僧侶が対象になっているのが仏教の特徴」でした（同）。こうした姿勢が、経済学を生んだキリスト教と、欧米から経済学を輸入した日本との違いと言えます。

キリスト教は中世盛期にヨーロッパで貨幣経済化と都市化が起き、神が所有する時間から生まれる利子率を人間が決めていいかどうか、スコラ哲学者の間で意見が戦わされてきました。そのなかで決定的な役割を果たしたのが、神学者・哲学者のピエール・ド・ジャン・オリヴィです。彼は「貨幣は石ではなくて種子だ」と主張し、これまでのアリストテレス的な考えを一変させました（第1章）。そうすることで、「商行為や利子が罪深いものではないと証明することで、彼らは善きキリスト教徒のままでいられます。このことが、神学者であるオリヴィの理論構築の目的だった」（同）。言わば、オリヴィはキリスト教徒を救済したことになるのです。

経済学は中世には存在しないと言われてきたのですが、オリヴィは自らの著作が20世紀に再発見されたことによって、従来の常識を覆《くつがえ》しました。大黒俊二さんは、著書『嘘と貪欲』（２００６年刊行）のなかで、「オリーヴィは一三世紀の『資本論』を著した」と、彼の業績を高く評価しています。人間社会の経済活動において、コペルニクス革命に匹敵するパラダイム転換を成し遂げたのです。

学問は原理・原則が時代にそぐわなくなってきた時にこそ、その存在意義を問われるのです。キリスト教会のスコラ学者たちは、聖書に書かれている徴利禁止の原則をいかに「商業革命」（10～14世紀）が起きつつある現実と整合を取るか、すなわち「どのようにして利子を合法化するか」に関して真剣に取り組みました（第1章）。オリヴィは「商業革命」によって禁欲が貯蓄を促し、それが投資の元手となって人々の生活水準の向上につながることを発見したのです。すなわち、「禁欲の問題と、宗教と金の問題は深くかかわって」いるのは（同）、生活水準の向上（禁欲が投資を生む）が貧者の救済（宗教）につながるからです。

オリヴィはもともと「清貧を追求したフランチェスコ会のなかでも急進的なスピリチュアル派に属し（中略）、異端視されるほど清貧を追求していました」（第1章）。その後、「故郷である南フランス・セリオンに退いた時に、交易商人たちから取引にかかわる相談を受け、営利活動を正当化する理論を確立していった」のでした（同）。

しかも、オリヴィは利子容認にあたって、公共性を担保しています。「共通善に適っていれば利子を取ってもよい」と言っているということは、逆に共通善に適っていない場合には利子を徴収するのは神に背くことになります（第1章）。13世紀以来、自己の利益を追求する商行為はその背後に「社会的に好ましいこと」という前提があるのです（同）。それは、アダム・スミスにも受け継がれています。

このように、もっとも大事な概念（キリスト教にとってのそれは「利子」）を突き詰めていって、はじめて前途が開けるのです。イスラム世界は中世前期のヨーロッパよりずっと繁栄していたにもかかわらず、中世盛期以降の世界史においてイニシアティブを取れなかったのは、イスラム教は禁止されている利子について場当たり的な対応で凌《しの》いできたことに原因があります。本書を読むと、現実と戦うのが学問であると理解できます。島田さんのこれまでの学問に対する姿勢そのものです。

「経済学は神学より発している」（第1章）、「利子に関して繰り返し論争されてきたヨーロッパのキリスト教世界だからこそ、経済学が誕生した」（第7章）との指摘には重みがあり、経済学者は真摯《しんし》に向き合う必要があります。21世紀の現在、ビリオネアが隆盛をきわめるいっぽうで、絶望死や貧困問題などが存在します。これら現実の課題に対処できない学問は世の中から支持を失い、追放されてしまうのではないか。経済学者の端くれの一人である私は、本書を読んで強く危惧しました。

経済成長がすべての怪我を治すと信じる21世紀の主流派経済学者は、成長しないのは、あるいは物価が上がらないのは人々の努力が足りない、または規制改革が不十分だからだとして、理論は間違っていないと主張しています。しかし、13世紀のスコラ哲学者の現実を直視し、「共通善」を重視する態度を見習う必要があります。歴史を学び、そのうえで社会の中心概念の根本原理を常に問い直していくことが、いかに大事であるかを本書は教えてくれます。

（法政大学教授）

参考文献（主要なものに限る）

書籍

アブドゥル・ラヒーム・アルファヒーム編著、大木博文訳注『200のハディース（付・預言者伝）』、宗教法人日本ムスリム協会、1993年。

安野眞幸『教会領長崎――イエズス会と日本』、講談社選書メチエ、2014年。

五十嵐太郎『新宗教と巨大建築』、講談社現代新書、2001年。

イザヤ・ベンダサン『日本人とユダヤ人』、山本書店、1970年。

石田瑞麿『日本仏教史』、岩波全書、2004年。

井筒俊彦訳『コーラン』（上）・（中）・（下）、岩波文庫、1957・1958年。

伊藤邦武・山内志朗・中島隆博・納富信留編『世界哲学史5――中世Ⅲ　バロックの哲学』、ちくま新書、2020年。

エドガール・モラン著、杉山光信訳『オルレアンのうわさ――女性誘拐のうわさとその神話作用』、みすず書房、1973年。

大黒俊二『嘘と貪欲――西欧中世の商業・商人観』、名古屋大学出版会、2006年。

大澤武男『ユダヤ人とローマ帝国』、講談社現代新書、2001年。

大林組プロジェクトチーム編『古代出雲大社の復元――失なわれたかたちを求めて』、学生社、1989年。

勝俣鎮夫『一揆』、岩波新書、1982年。

加藤博『イスラム世界の経済史』、NTT出版、2005年。

カーラ・パワー著、秋山淑子訳『コーランには本当は何が書かれていたか？』、文藝春秋、2015年。

郷富佐子『バチカン――ローマ法王庁は、いま』、岩波新書、2007年。

小杉泰『興亡の世界史 イスラーム帝国のジハード』、講談社学術文庫、2016年。

小杉泰編訳『ムハンマドのことば――ハディース』、岩波文庫、2019年。

小松左京『日本沈没』(上)・(下)、カッパ・ノベルス、1973年。

今野國雄『西欧中世の社会と教会』、岩波書店、1973年。

佐藤賢一『テンプル騎士団』、集英社新書、2018年。

佐藤唯行『英国ユダヤ人――共生をめざした流転の民の苦闘』、講談社選書メチエ、1995年。

佐藤次高編『イスラームの歴史1――イスラームの創始と展開』、山川出版社、2010年。

島田裕巳『戒名――なぜ死後に名前を変えるのか』、法蔵館、1991年。

島田裕巳『金融恐慌とユダヤ・キリスト教』、文春新書、2009年。

島田裕巳『葬式は、要らない』、幻冬舎新書、2010年。

島田裕巳『ブッダは実在しない』、角川新書、2015年。

島田裕巳『性《セックス》と宗教』、講談社現代新書、2022年。

島田裕巳・矢野絢也『創価学会 もうひとつのニッポン』、講談社、2010年。

ジャック・ル・ゴッフ著、渡辺香根夫訳『中世の高利貸――金も命も』、法政大学出版局、1989年。

ジョン・エスポジト編、坂井定雄監修、小田切勝子訳『〈オックスフォード〉イスラームの歴史(1) 新文明の淵源』、共同通信社、2005年。

曽野綾子『不在の部屋』、文藝春秋、1979年。

竹内洋『社会学の名著30』、ちくま新書、2008年。

トマス・アクィナス著、稲垣良典訳『神學大全18 第Ⅱ-2部 第57問題-第79問題』、創文社、1985年。

西藤洋『神からの借財人 コジモ・デ・メディチ――十五世紀フィレンツェにおける一事業家の成功と罪』、法政大学出版局、2015年。

日本聖書協会編『聖書 新共同訳』、日本聖書協会、1987・1988年。

本郷恵子『買い物の日本史』、角川ソフィア文庫、2013年。

本郷恵子『室町将軍の権力――鎌倉幕府にはできなかったこと』、朝日文庫、2020年。

増田義郎『コロンブス』、岩波新書、1979年。

マックス・ヴェーバー著、大塚久雄訳『プロテスタンティズムの倫理と資本主義の精神』、岩波文庫、1989年。

松下幸之助『私の行き方 考え方――わが半生の記録』、PHP文庫、1986年。

松下幸之助『人間を考える――新しい人間観の提唱・真の人間道を求めて』、PHPビジネス新書、2015年。

松下幸之助・池田大作『人生問答』(上)・(下)、潮文庫、1983年。

松田智雄責任編集『世界の名著18 ルター』、中央公論社、1969年。

マルティン・ルター著、深井智朗訳『宗教改革三大文書 付「九五箇条の提題」』、講談社学術文庫、2017年。

湯浅赳男『ユダヤ民族経済史』、新評論、1991年。

渡邉昌美『異端カタリ派の研究――中世南フランスの歴史と信仰』、岩波書店、1989年。

記事・論考

安野眞幸「戦国期日本の貿易担当者――禅僧からイエズス会士へ」(『弘前大学教育学部研究紀要 クロスロード』2、2000年)。

磯部ひろみ「隋唐代における仏教の中国化の諸相――葬式を中心として」(『お茶の水史学』49、2005年)。

市川裕「ユダヤ教の経済観念」(『宗教研究』91巻2号、2017年)。

加藤博「イスラム経済の基本構造」（『経済研究所年報』29、２０１６年）。

上村能弘「徴利を禁ずる神の教えとファクター制度」（『経済集志』88巻1号、２０１８年）。

クヌート・シュルツ著、魚住昌良・早川朝子訳「シトー修道会と都市――12世紀後半から13世紀末」（『アジア文化研究別冊』12、２００３年）。

巣山靖司「K・マルクスとユダヤ人問題」（『大阪外国語大学論集』20、１９９９年）。

中島圭一「中世京都における祠堂銭金融の展開」（『史学雑誌』１０２巻12号、１９９３年）。

西川健司「イスラム金融の現状について」（「三菱ＵＦＪ信託資産運用情報」２０１６年8月号）。

羽田功「キリスト教会とユダヤ人」（『藝文研究』81、２００１年）。

義江彰夫「日本の中世都市と寺社勢力」（『アジア文化研究別冊』12、２００３年）。

切りとり線

★読者のみなさまにお願い

この本をお読みになって、どんな感想をお持ちでしょうか。祥伝社のホームページから書評をお送りいただけたら、ありがたく存じます。今後の企画の参考にさせていただきます。また、次ページの原稿用紙を切り取り、左記まで郵送していただいても結構です。

お寄せいただいた書評は、ご了解のうえ新聞・雑誌などを通じて紹介させていただくこともあります。採用の場合は、特製図書カードを差しあげます。

なお、ご記入いただいたお名前、ご住所、ご連絡先等は、書評紹介の事前了解、謝礼のお届け以外の目的で利用することはありません。また、それらの情報を6カ月を越えて保管することもありません。

〒101－8701（お手紙は郵便番号だけで届きます）
祥伝社　新書編集部
電話03（3265）2310
祥伝社ブックレビュー　www.shodensha.co.jp/bookreview

★本書の購買動機（媒体名、あるいは○をつけてください）

＿＿＿＿新聞の広告を見て	＿＿＿＿誌の広告を見て	＿＿＿＿の書評を見て	＿＿＿＿の Web を見て	書店で見かけて	知人のすすめで

★100字書評……宗教にはなぜ金が集まるのか

名前

住所

年齢

職業

島田裕巳　しまだ・ひろみ

宗教学者、作家。1953年、東京都生まれ。東京大学文学部宗教学科卒業、同大学大学院人文科学研究科博士課程修了(宗教学専攻)。放送教育開発センター助教授、日本女子大学教授、東京大学先端科学技術研究センター特任研究員を経て現在、東京女子大学・東京通信大学非常勤講師。著書に『死に方の思想』『ＡＩを信じるか、神(アッラー)を信じるか』(共に祥伝社新書)、『創価学会』(新潮新書)、『葬式は、要らない』(幻冬舎新書)、『性(セックス)と宗教』(講談社現代新書)など。

宗教《しゅうきょう》にはなぜ金《かね》が集《あつ》まるのか

島田裕巳《しまだひろみ》

2022年10月10日　初版第１刷発行

発行者……………辻 浩明

発行所……………祥伝社《しょうでんしゃ》

〒101-8701　東京都千代田区神田神保町3-3
電話　03(3265)2081(販売部)
電話　03(3265)2310(編集部)
電話　03(3265)3622(業務部)
ホームページ　www.shodensha.co.jp

装丁者……………盛川和洋

印刷所……………萩原印刷

製本所……………ナショナル製本

Printed in Japan　ISBN978-4-396-11665-1　C0214

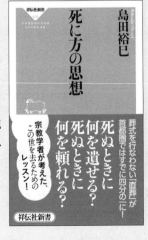

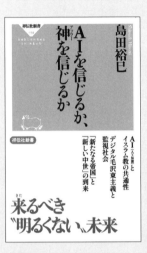